# UN ÉTÉ
# DANS LE SAHARA

PAR

EUGÈNE FROMENTIN

PARIS
LIBRAIRIE PLON
*LES PETITS-FILS DE PLON ET NOURRIT*
IMPRIMEURS-ÉDITEURS — 8, RUE GARANCIÈRE, 6ᵉ

*26ᵉ mille*

# UN ÉTÉ
# DANS LE SAHARA

## DU MÊME AUTEUR, A LA MÊME LIBRAIRIE

**Dominique.** 52ᵉ mille. Un volume in-16.

**Les Maîtres d'autrefois :** Belgique-Hollande. 34ᵉ mille. Un volume in-16 sur alfa.

**Un Été dans le Sahara.** 26ᵉ mille. Un volume in-16.

**Une Année dans le Sahel.** 20ᵉ mille. Un volume in-16 sur alfa.

**Eugène Fromentin** (1820-1876). Plaquette in-8ᵉ illustrée.

**Lettres de jeunesse.** Biographie et notes par Pierre BLANCHON (Jacques-André MÉRYS). 7ᵉ édition. Un volume in-16.

**Correspondance et fragments inédits.** Biographie et notes par Pierre BLANCHON. 4ᵉ édition. Un volume in-16 avec un portrait.

# UN ÉTÉ
# DANS LE SAHARA

PAR

EUGÈNE FROMENTIN

PARIS
LIBRAIRIE PLON
LES PETITS-FILS DE PLON ET NOURRIT
IMPRIMEURS-ÉDITEURS — 8, RUE GARANCIÈRE, 6e

Droits de reproduction et de traduction
réservés pour tous pays.

A

## ARMAND DU MESNIL

*Cher ami, en te dédiant mes souvenirs de voyage, je ne fais que te restituer des lettres qui t'appartenaient, pour la plupart, avant de devenir un livre. C'est d'ailleurs indiquer l'origine particulière et le sens familier de ces récits, que de les publier sous le patronage d'une amitié qui rend nos deux noms inséparables.*

E. F.

Paris, 15 octobre 1856.

# PRÉFACE

### DE LA TROISIÈME ÉDITION

Ces livres sont déjà d'une autre époque; et, disons-le nettement, la pensée de les faire revivre, après tant d'années, ne pouvait plus venir qu'à l'auteur lui-même. Les lecteurs d'autrefois, s'il les conserve, ceux d'aujourd'hui s'il doit en avoir, jugeraient peut-être l'idée bizarre et sans opportunité; aussi, l'auteur se croit-il obligé de la motiver en quelques pages.

*Un été dans le Sahara* date de 1856. *Une année dans le Sahel* ne parut que deux ans après. Le métier de l'auteur n'était pas d'écrire; on lui sut gré de s'en tirer convenablement. On lui tint compte aussi de la bonne foi, de la déférence et même des ingénuités dont il donnait la preuve, en touchant à un art qui n'était pas le sien et ne devait pas l'être. Chacun de ses livres eut deux éditions. Tout portait à croire que l'auteur n'en écrirait pas d'autres; c'était une dernière raison pour que leur publicité s'arrêtât là.

Si ces livres ne contenaient que des récits ou des tableaux de voyage, une bonne partie de leur valeur aurait disparu. Les lieux ont beaucoup changé. Il y en a, parmi ceux que je cite, qui pouvaient alors passer pour assez mystérieux; tous ont perdu l'attrait de l'incertitude, et depuis longtemps. L'intérêt qui s'attachait à ces notes, en leur nouveauté, ne serait donc plus le même, soit qu'on y reconnût mal les traits du présent, soit qu'on n'y trouvât plus le piquant des choses inédites. D'ailleurs, quel est le lecteur, un peu au courant des explorations récentes, qui s'occuperait avec la moindre curiosité d'un petit coin de l'Afrique française, parcouru jadis par un observateur spécial, aujourd'hui que le vaste monde est à tous et qu'il faut, pour surprendre, instruire ou intéresser, de lointains voyages, beaucoup d'aventures, ou beaucoup de savoir?

J'ajoute que, si leur unique mérite était de me faire revoir un pays qui cependant m'a charmé, et de me rappeler le pittoresque des choses, hommes et lieux, ces livres me seraient devenus à moi-même presque indifférents. A la distance où me voici placé de tout ce qu'ils évoquent, il m'importe à peine qu'il y soit question d'un pays plutôt que d'un autre, du désert plutôt que de lieux encombrés, et du soleil en permanence plutôt que de l'ombre de nos hivers. Le seul intérêt qu'à mes yeux ils n'aient pas perdu, celui qui les rattache à ma vie présente, c'est une certaine manière de voir, de sentir et d'exprimer qui m'est personnelle et n'a pas cessé d'être mienne. Ils disent à peu près ce que j'étais, et je m'y retrouve. J'y retrouve également ce que j'ai rêvé d'être, avec des promesses qui toutes n'ont pas été tenues et des intentions dont la plupart n'ont pas eu d'effet. De sorte que si j'ai peu grandi, du moins je n'ai pas changé. Voilà quel est, pour l'auteur qui vient de les relire, le sens actuel de ces livres de jeunesse; et c'est uniquement à cause de cela qu'il y tient.

A l'époque où je fus pris du besoin d'écrire, je n'étais qu'un inconnu, très ignorant et désireux de produire; pour ces deux raisons, fort en peine.

J'avais visité l'Algérie à plusieurs reprises; je venais d'y pénétrer plus loin et de l'habiter posément. Une sorte d'acclimatation intime et définitive me la faisait accepter, sinon choisir, comme objet d'études et, très inopinément, décidait de ma carrière, beaucoup plus que je ne l'imaginais alors, et, l'avouerai-je? beaucoup plus que je n'aurais voulu.

Je rapportais de ce voyage de vifs souvenirs, à défaut de bons documents. Surtout, j'en rapportais le désir impatient de le reproduire n'importe comment, n'importe à quel prix. Je me persuadais qu'il n'y a pas de sujet médiocre, ni de sujet ennuyeux, mais seulement des cœurs froids, des yeux distraits, des écrivains ennuyés. La nouveauté du sujet ne m'embarrassait guère. Il ne me semblait nullement téméraire de parler de l'Orient après tant d'auteurs grands ou charmants : convaincu que, n'étant personne encore, j'avais chance au moins de devenir quelqu'un, et qu'à être ému, net et sincère, on risquait encore d'être écouté.

Le hasard m'avait fourni le thème; restait à trouver la forme. L'instrument que j'avais dans la main était si malhabile, que d'abord il me rebuta. Ni l'abondance, ni la vivacité, ni l'intimité de mes souvenirs ne s'accommodaient des pauvres moyens de rendre dont je disposais.

C'est alors que l'insuffisance de mon métier me conseilla, comme expédient d'en chercher un autre, et que la difficulté de peindre avec le pinceau me fit essayer de la plume.

Voilà, qu'on me pardonne ce retour sur leurs origines, comment sont nés ces deux livres : à côté d'un chevalet, dans le demi-jour d'un atelier, au milieu d'ombres fort sérieuses, que le soleil oriental constamment en vue, comme une sorte de mirage éblouissant, ne parvenait pas toujours à égayer. La chose entreprise, il me parut intéressant de comparer dans leurs procédés deux manières de s'exprimer qui m'avaient l'air de se ressembler bien peu, contrairement à ce qu'on suppose. J'avais à m'exercer sur les mêmes tableaux, à traduire, la plume à la main, les croquis accumulés dans mes cartons de voyage. J'allais donc voir si les deux mécanismes sont les mêmes ou s'ils diffèrent, et ce que deviendraient les idées que j'avais à rendre, en passant du répertoire des formes et des couleurs dans celui des mots. L'occasion de faire cette épreuve est assez rare, et je n'étais pas fâché qu'elle me fût donnée.

J'entendais dire, et j'étais assez disposé à le croire, que notre vocabulaire était bien étroit pour les besoins nouveaux de la littérature pittoresque. Je voyais en effet les libertés que cette littérature avait dû se permettre depuis un demi-siècle afin de suffire aux nécessités des goûts et des sensations modernes. Décrire au lieu de raconter, peindre au lieu d'indiquer; peindre surtout; c'est-à-dire donner à l'expression plus de relief, d'éclat, de consistance, plus de vie réelle; étudier la nature extérieure de beaucoup plus près dans sa variété, dans ses habitudes, jusque dans ses bizarreries, telle était en abrégé l'obligation imposée aux écrivains dits descriptifs par le goût des voyages, l'esprit de curiosité et d'universelle investigation qui s'était emparé de nous.

Un même courant, d'ailleurs, emportait l'art de peindre et celui d'écrire hors de leurs voies les plus naturelles. On s'occupait moins de l'homme et beaucoup plus de ce qui l'environne. Il semblait que tout avait été dit de ses passions et de ses formes, excellemment, décidément, et qu'il ne restait qu'à le faire mouvoir dans le cadre changeant des lieux, des climats, des horizons nouveaux. Une école extraordinairement vivante, attentive, sagace, douée d'un sens d'observation, sinon meilleur, du moins plus subtil, d'une sensibilité plus aiguë, avait déjà renouvelé sur un point la peinture française et l'honorait grandement. Cette école avait, comme toutes les écoles, ses maîtres, ses disciples et déjà ses idolâtres. On voyait, disait-on, mieux que jamais : on révélait mille détails jusque-là méconnus. La palette était plus riche, le dessin plus physionomique. La nature vivante pouvait enfin se considérer pour la première fois dans une image à peu près fidèle, et se reconnaître en ses infinies métamorphoses. Il y avait du vrai et du faux dans ces dires. Le vrai excusait le faux, et le faux n'empêchait pas que le vrai n'eût un prix réel. Le besoin d'imiter tout, à tout propos, faisait naître à chaque instant des œuvres singulières ; et lorsque le don d'émouvoir s'y mêlait par fortune, il inspirait des œuvres considérables. Comment s'étonner qu'un pareil mouvement, se produisant à côté des lettres contemporaines, ait agi sur elles, et que, devant de tels exemples, participant eux-mêmes à de tels besoins, sensibles, rêveurs, ardents, les yeux comme nous bien ouverts, nos écrivains aient eu la curiosité d'enrichir aussi leur palette et de la charger des couleurs du peintre ?

Je n'oserai pas dire que je leur donnai tort,

tant ils avaient d'éclat, tant ils mettaient d'habileté, de zèle, de souplesse et de talent à se donner raison. Seulement, à considérer les choses en dehors de ce mouvement dont l'effet n'était irrésistible qu'au milieu du courant, en m'isolant du souvenir de certains livres, si bien faits pour convaincre, et de l'admiration qui m'attachait à quelques-uns, je me demandais s'il était nécessaire d'ajouter aux ressources d'un art qui vivait de son propre fonds et s'en était trouvé si bien. En définitive, il me parut que non.

Il est hors de doute que la plastique a ses lois, ses limites, ses conditions d'existence, ce qu'on appelle en un mot son domaine. J'apercevais d'aussi fortes raisons pour que la littérature réservât et préservât le sien. Une idée peut à la fois s'exprimer de deux manières, pourvu qu'elle se prête ou qu'on l'adapte à ces deux manières. Mais sa forme choisie, et j'entends sa forme littéraire, je ne voyais pas qu'elle exigeât ni mieux, ni plus que ne comporte le langage écrit. Il y a des formes pour l'esprit, comme il y a des formes pour les yeux; la langue qui parle aux yeux n'est pas celle qui parle à l'esprit. Et le livre est là, pour nous répéter l'œuvre du peintre, mais pour exprimer ce qu'elle ne dit pas.

A peine au travail, la démonstration de cette vérité me rassura. Je la tirai d'une expérimentation très sûre et décisive. J'en conclus avec la plus vive satisfaction que j'avais en main deux instruments distincts. Il y avait lieu de partager ce qui convenait à l'un, ce qui convenait à l'autre. Je le fis. Le lot du peintre était forcément si réduit, que celui de l'écrivain me parut immense. Je me promis seulement de ne pas me tromper d'outil en changeant de métier.

Ce fut un travail charmant, qui ne me coûta pas d'efforts et me causa de vifs plaisirs. Il est clair que la forme de lettres, que j'adoptai pour les deux récits, était un simple artifice qui permettait plus d'abandon, m'autorisait à me découvrir un peu plus moi-même, et me dispensait de toute méthode. Si ces lettres avaient été écrites au jour le jour et sur les lieux, elles seraient autres; et peut-être, sans être plus fidèles, ni plus vivantes, y perdraient-elles ce je ne sais quoi et qu'on pourrait appeler l'image réfractée, ou, si l'on veut, l'esprit des choses. La nécessité de les écrire à distance, après des mois, après des années, sans autre ressource que la mémoire et dans la forme particulière propre aux souvenirs condensés, m'apprit, mieux que nulle autre épreuve, quelle est la *vérité* dans les arts qui vivent de la nature, ce que celle-ci nous fournit, ce que notre sensibilité lui prête. Elle me rendit toute sorte de services. Surtout, elle me contraignit à chercher la vérité en dehors de l'exactitude et la ressemblance en dehors de la copie conforme. L'exactitude poussée jusqu'au scrupule, une vertu capitale lorsqu'il s'agit de renseigner, d'instruire ou d'imiter, ne devenait plus qu'une qualité de second ordre, dans un ouvrage de ce genre, pour peu que la majorité soit parfaite, qu'il s'y mêle un peu d'imagination, que le temps ait choisi les souvenirs; en un mot, qu'un grain d'art s'y soit glissé.

Je n'insisterai pas autrement; ce sont là des façons de voir et des détails de purs procédés qui ne regardent et qui n'intéresseraient personne. Je dirai seulement que le choix des termes, à côté du choix des couleurs, me servait à plus d'une étude instructive. Je ne cacherai pas combien j'étais ravi, lorsqu'à l'exemple de certains peintres, dont la palette est très sommaire et l'œuvre cependant riche en expressions, je me flattais d'avoir tiré quelque relief ou quelque couleur d'un mot très simple en lui même, souvent le plus usuel et le plus usé, parfaitement terne à le prendre isolément. Il y avait là, pour un homme qui n'était pas plus maître de sa plume qu'il ne l'était de son pinceau et qui faisait à la fois deux apprentissages, un double enseignement plein de leçons intéressantes. Notre langue étonnamment saine et expressive, même en son fonds moyen et dans ses limites ordinaires, m'apparaissait comme inépuisable en ressources. Je la comparais à un sol excellent, tout borné qu'il est, qu'on peut indéfiniment exploiter dans sa profondeur, sans avoir besoin de l'étendre, propre à donner tout ce qu'on veut de lui, à la condition qu'on y creuse. Souvent je me demandais ce qu'on devrait entendre au juste par *néologisme*. Et quand je cherchais l'explication de ce mot dans de bons exemples, je trouvais qu'un néologisme est tout simplement l'emploi nouveau d'un terme connu.

Ces remarques, assez inutiles s'il se fût agi d'un livre où l'idée domine, où le raisonnement est l'allure ordinaire de l'esprit, devenaient autant de précautions nécessaires dans une suite de récits et de tableaux visiblement puisés aux souvenirs d'un peintre. Ce que sa mémoire avec des habitudes spéciales, ce que son œil avec plus d'attention, de portée et de facettes, avaient retenu de sensations pendant le cours d'un long voyage en pleine lumière, il essayait de l'approprier aux convenances de la langue écrite. Il transposait à peu près comme fait un musicien, en pareil cas. Il aurait voulu que tout se vît sans offusquer la vue, sans blesser le goût: que le trait fût vif, sans insistance de main; que le coloris fût léger plutôt qu'épais; souvent que l'émotion tînt lieu de l'image. En un mot, sa pensée constante, je le répète, était que sa plume n'eût pas trop l'air d'un pinceau chargé d'huile et que sa palette n'éclaboussât pas trop souvent son écritoire.

Ces deux livres terminés, à deux ans de distance et pour ainsi dire écrits d'une haleine, je les publiai comme ils étaient venus, sans les regarder de trop près. Les défauts qui sautent aux yeux, je les apercevais, même avant qu'on me les signalât. Soit à dessein, soit par impuissance de me corriger, je n'en fis pas disparaître un seul; et le public voulut bien n'y voir qu'un manque excusable de maturité.

On fit à ces deux livres un bon accueil. Je dirais que l'accueil fut inespéré, si je ne craignais d'exagérer l'importance d'une publicité de petit bruit et de manquer de mesure, pour ne pas manquer de reconnaissance. Des approbations, que je n'oublierai jamais, me vinrent de divers côtés. Il y en eut que je n'attendais guère; il y en eut que je n'osais point espérer. Je fus surpris, touché, profondément heureux, et plutôt tranquillisé dans ma manière d'être et de voir. Je me gardai bien de prendre ces témoignages pour un brevet de confraternité, donné par des écrivains de premier ordre, à un débutant qui ne devait jamais être un des leurs. J'y vis une sorte de complaisance empressée, bienveillante, infiniment courtoise, à admettre momentanément dans leur compagnie quelqu'un venu par hasard, et qui n'y devait pas rester.

De ceux dont le patronage inattendu me fut alors plus doux, l'un est mort depuis, en plein éclat, après avoir occupé dans la littérature pittoresque un rang tout à fait supérieur; romancier, poète, critique, voyageur; passionnément épris de la forme dans sa rareté, dans son opulence; une main exquise, un œil d'une surprenante justesse; doué comme il le fallait pour tenter l'alliance entre deux arts dont, grâce à lui, les contacts devenaient si fréquents, et seulement trop convaincu peut-être qu'il y avait réussi; au fond très circonspect; sachant admirablement ce qu'il faisait et le faisant à merveille; *impeccable*, comme écrivait de lui un de ses disciples, en ce sens que s'il n'est pas un maître exemplaire, il aura du moins laissé dans son œuvre quelques morceaux de maîtrise excellents.

L'autre, pour l'honneur des lettres françaises, porte aussi légèrement que si cela ne pesait rien, quarante années résolues de travaux et de vraie gloire. Le jour où mon premier livre parut, ce fut lui qui me tendit la main, pour ainsi dire à mon insu. J'ignore ce qu'on put augurer d'un inconnu quand on le vit placé sous le patronage d'un pareil nom; mais e sais bien qu'en m'appuyant pour la première fois sur cette main quasi souveraine, je sentis combien elle avait de bonté pour les jeunes et de douceur encourageante pour les faibles.

J'ai dit, je crois, ce que j'avais à dire. Peut-être est-ce trop ou pas assez. Un volume de pur roman, publié quelques années plus tard, reproduisit sous une autre forme le côté tout personnel des ouvrages précédents, et j'en restai là.

Des voyages que j'ai faits depuis lors, j'ai résolu de ne rien dire. Il m'eût fallu parler de lieux nouveaux, à peu près comme j'avais parlé des anciens. Mais à quoi bon? Qu'importe que le spectacle change, si la manière de voir et de sentir est toujours la même?

Il me reste, à la vérité, un champ d'observations tout différent, celui où je suis placé désormais et où me retiennent mes habitudes plutôt que mes goûts. Je l'ignore. J'estime qu'il y aurait, sur certains points qui me sont familiers, beaucoup à dire, en exposant ce que j'aperçois, ce que je sais, ce que je crois. Le sujet serait, on le comprend, délicat pour un homme de métier devenu critique, à qui l'on demanderait, avec raison, moins de paroles et de meilleures preuves. Ce sujet à la fois si tentant et si épineux, m'est-il permis, me sera-t-il défendu d'y toucher? Jusqu'à présent j'ai jugé qu'il était séant de me l'interdire.

Il n'est pas de livre un peu digne d'être lu qui n'ait son public et qui ne se l'attache, grâce à des affinités purement humaines. Il se forme ainsi quelquefois des amitiés qui se consolident, en raison de l'âge du livre, en souvenir de l'époque où l'on était jeunes ensemble. C'est à ce petit nombre d'amis connus ou inconnus d'ancienne date que je destine particulièrement cette édition.

E. F.

Paris, 1ᵉʳ juin 1874.

# UN ÉTÉ
# DANS LE SAHARA

## I

### DE MEDEAH A EL-AGHOUAT.

Medeah, 22 mai 1853.

Cher ami, je comptais ne t'écrire que de ma première étape ; mais l'inaction forcée où je suis me fait ouvrir, sans plus attendre, mon journal de route. Je le commence quand même, ne fût-ce que pour abréger les heures et pour me consoler avec « cette petite lumière intérieure » dont parle Jean Paul, et qui nous empêche de voir et d'entendre le temps qu'il fait dehors.

Depuis le jour où tu m'as quitté, nous vivons au milieu d'une vraie tempête. Tu l'as traversée toi-même, sans doute, en retournant en France; car elle nous vient du Nord, soufflant à la manière du mistral et tout imprégnée d'eau de mer. Quoique nous soyons en mai, l'hiver, tu t'en souviens, avait encore un pied posé sur les blancs sommets de la Mouzaïa; c'est lui qui visite une dernière fois, du moins on l'espère, les jolies campagnes déjà fleuries de Medeah. — Suppose une étendue de quarante lieues de nuages, amoncelés entre l'*Ouarensenis* et nous, et tu pourras imaginer dans quelles profondeurs de brume sa magnifique pyramide est ensevelie. Quant au Zaccar, notre voisin, c'est à peine si, de loin en loin, on aperçoit, à travers un rideau de pluie moins serré, sa double corne tout estompée par les bords et d'un affreux ton d'encre de Chine, étendue d'eau.

Ce brusque retour des pluies nous a surpris au moment de monter à cheval. Nos adieux étaient faits, nos mulets de bât déjà chargés; il a fallu donner contre-ordre à notre escorte de cavaliers; et me voici, confiné dans une chambre d'auberge, n'ayant pour toute distraction que la vue des cigognes, lugubrement perchées aux bords de leurs vastes nids, et attendant impatiemment qu'une éclaircie se fasse dans ce ciel de Hollande.

Réduit comme je le suis à stimuler mon enthousiasme prêt à faiblir par toutes sortes de rêveries, anticipées où rétrospectives, j'ai accueilli avec complaisance tout à l'heure un souvenir dont tu voudras bien te contenter, faute de mieux. Il pourrait, du reste, servir de préface à ces notes, où je compte plus tard prendre ma revanche, en te racontant les fêtes du Soleil.

— Tu dois connaître dans l'œuvre de Rembrandt une petite eau-forte, de facture hachée, impétueuse, et d'une couleur incomparable, comme toutes les fantaisies de ce génie singulier, moitié nocturne, moitié rayonnant, qui semble n'avoir connu la lumière qu'à l'état douteux de crépuscule, ou à l'état violent d'éclairs. La composition est fort simple : ce sont trois arbres hérissés, bourrus de forme et de feuillage; à gauche, une plaine à perte de vue; un grand ciel où descend une immense nuée d'orage; et, dans la plaine, deux imperceptibles voyageurs, qui cheminent en toute hâte et fuient, le dos au vent. — Il y a là toutes les transes de la vie de voyage, plus un côté mystérieux et pathétique, qui m'a toujours fortement préoccupé. Parfois même, il m'est arrivé d'y voir comme une signification qui me serait personnelle : c'est à la pluie que j'ai dû de connaître, une première fois, il y a cinq ans, le pays du perpétuel Été; c'est en la fuyant éperdument qu'enfin j'ai rencontré le soleil sans brume.

C'était en 1848, en février, il n'y avait pas eu d'intervalle cette année-là entre les pluies de novembre et les grandes pluies d'hiver, lesquelles duraient depuis trois mois et demi, presque sans un seul jour de repos. J'avais fui de Blidah à Alger, d'Alger à Constantine, sans trouver un point du littoral épargné par ce funeste hiver; il s'agissait de chercher un lieu qu'il ne pût atteindre : c'est alors que je pensai au

Désert. — La route qui y conduit se dessinait sur le *Coudiat-Aty* trempé d'eau, et, de temps en temps, j'en voyais descendre de longs convois de gens, au visage marqué par un éternel coup de soleil, suivis de leurs chameaux chargés de dattes et de produits bizarres. Il me semblait sentir encore, en les approchant, comme un reste de tiédeur apportée dans les plis fangeux de leurs burnouss. Un matin donc, nous partîmes en désespérés, passant, tant bien que mal, les rivières débordées et poussant droit devant nous, vers Bisk'ra. Cinq jours après, le 28 février, j'arrivais à *El-Kantara*, sur la limite du Tell de Constantine, harassé, transi, traversé jusqu'au cœur, mais bien résolu à ne plus m'arrêter qu'en face du soleil indubitable du Sud.

El-Kantara — le pont — garde le défilé et pour ainsi dire l'unique porte par où l'on puisse, du Tell, pénétrer dans le Sahara. Ce passage est une déchirure étroite, qu'on dirait faite de main d'homme, dans une énorme muraille de rochers de trois ou quatre cents pieds d'élévation. Le pont, de construction romaine, est jeté en travers de la coupure. Le pont franchi, et après avoir fait cent pas dans le défilé, vous tombez, par une pente rapide, sur un charmant village, arrosé par un profond cours d'eau et perdu dans une forêt de vingt-cinq mille palmiers. Vous êtes dans le Sahara.

Au delà s'élève dans une double rangée de collines dorées, derniers mouvements du sol, qui, douze lieues plus loin, vont expirer dans la plaine immense et plate du petit désert d'Angad, premier essai du grand Désert.

Grâce à cette situation particulière, El-Kantara, qui est, sur cette ligne, le premier des villages sahariens, se trouve avoir ce rare privilège d'être un peu protégé par sa forêt contre les vents du désert, et de l'être tout à fait contre ceux du nord par le haut rempart de rochers auquel il est adossé. Aussi, est-ce une croyance établie chez les Arabes que la montagne arrête à son sommet tous les nuages du Tell ; que la pluie vient y mourir, et que l'hiver ne dépasse pas ce pont merveilleux, qui sépare ainsi deux saisons, l'hiver et l'été ; deux pays, le Tell et le Sahara ; et ils en donnent pour preuve que, d'un côté, la montagne est noire et couleur de pluie, et de l'autre, rose et couleur de beau temps.

C'était notre avant-dernière marche, la dernière devant nous conduire d'une traite à Bisk'ra. La matinée avait été glacée; le thermomètre, sous nos froides tentes de K'sour, marquait à notre réveil 1° au-dessous de 0. Je me souviens, quoiqu'à cinq ans de distance, des moindres détails de cette journée. Peu s'en était fallu qu'elle ne devînt terrible; mon ami A... S... avait failli se casser la tête en voulant me passer mon fusil; je portais en bandoulière ce fusil funeste, et l'avais déchargé, m'étant promis de ne plus m'en servir. Il y avait, pour le sûr, un peu de mélancolie parmi nous et, depuis l'accident surtout, on se taisait. Le lieu était fort triste. Nous suivions une avenue pierreuse, encaissée entre deux longs murs de rochers sombres, absolument dépouillée d'herbes, mal éclairée par un jour sans soleil. De temps en temps, un aigle, posé sur un angle avancé de la montagne, se levait lentement à notre approche et montait d'un vol circulaire au-dessus de nos têtes. Le ciel tendu de gris se reposait de pleuvoir; mais le vent se maintenait au nord : il enfilait la gorge et semblait vouloir nous poursuivre. C'était un petit souffle aigu, persistant, qu'on entendait à peine, et cependant très incommode. Je me le rappelle surtout à cause des bruits singuliers qu'il faisait dans les canons vides de mon fusil; on eût dit la sonnerie de deux cloches tintant ensemble sur un mode plaintif et pas tout à fait à l'unisson. Le bruit était si léger qu'il me paraissait venir de fort loin, et si étrangement triste, que, pendant le reste de la journée, il m'importuna. Ce ne fut que le lendemain qu'en l'entendant se reproduire, je finis par en découvrir la cause. Enfin nous atteignimes le défilé; il était six heures moins quelques minutes.

Le docteur T... nous précédait au galop de son cheval boiteux, tout en chantant languissamment la chanson pseudo-arabe et nouvelle encore de *Khedoudja;* il arriva le premier sur le pont, se découvrit et nous cria :

« Messieurs, ici on salue! »

Est-il vrai que la première colonne militaire qui ait, en 1844, franchi ce pont célèbre, se soit arrêtée par un mouvement de subite admiration, et que les musiques se soient mises à jouer d'enthousiasme? Je ne sais là-dessus que ce qu'on m'en a dit; mais ce soir-là, le spectacle que j'avais sous les yeux m'eût fait croire à cette tradition.

Les palmiers, les premiers que je voyais; ce petit village couleur d'or, enfoui dans des feuillages verts déjà chargés des fleurs blanches du printemps; une jeune fille qui venait à nous, en compagnie d'un vieillard, avec le splendide costume rouge et les riches colliers du désert, portant une amphore de grès sur sa hanche nue; cette première fille à la peau blonde, belle et forte d'une jeunesse précoce, encore enfant et déjà femme; ce vieillard abattu, mais non défiguré par une vieillesse hâtive; tout le désert m'apparaissant ainsi sous toutes ses formes, dans toutes ses beautés et dans tous ses emblèmes; c'était, pour la première, une étonnante vision. Ce qu'il y avait surtout d'incomparable, c'était le ciel : le soleil allait se coucher et dorait, empourprait, émaillait de feu une multitude de petits nuages détachés du grand rideau noir étendu sur nos têtes, et rangés comme une frange d'écume au bord d'une mer troublée. Au delà commençait l'azur; et alors, à des profondeurs qui n'avaient pas de limites, à travers des limpidités inconnues, on apercevait le pays céleste du bleu. Des brises chaudes montaient, avec je ne sais quelles odeurs confuses et quelle musique aérienne, du fond de ce village en fleurs; les dattiers, agités doucement, ondoyaient avec des rayons d'or dans leurs palmes; et l'on entendait courir, sous la forêt paisible, des bruits d'eau mêlés aux froissements légers du feuillage, à des chants d'oiseaux, à des sons de flûte. En même temps un *muezzin*, qu'on ne voyait pas, se mit à chanter la prière du soir, la répétant quatre fois aux quatre points de l'horizon, et sur un mode si passionné, avec de tels accents, que tout semblait se taire pour l'écouter.

Le lendemain, même beauté dans l'air et même fête partout. Alors, seulement, je me donnai le plaisir de regarder ce qui se passait au nord du village, et le hasard me rendit témoin d'un phénomène en effet très singulier. Tout ce côté du ciel était sombre et présentait l'aspect d'un énorme océan de nuages, dont le dernier flot venait pour ainsi dire s'abattre et se rouler sur l'extrême arête de la montagne. Mais la montagne, comme une solide falaise, semblait le repousser au large; et, sur toute la ligne orientale du Djebel-Sahari, il y avait un remous violent exactement pareil à celui d'une forte marée. Derrière, descendaient lugubrement les traînées grises d'un vaste déluge; puis, tout à fait au fond, une montagne éloignée montrait sa tête couverte de légers frimas. Il pleuvait à torrents dans la vallée du Metlili, et quinze lieues plus loin il neigeait. L'éternel printemps souriait sur nos têtes.

Notre arrivée au désert se fit par une journée magnifique, et je n'eus pas une seule goutte de pluie pendant tout mon séjour dans le Sahara, qui fut long.

Tel fut, cher ami, le préambule radieux de mon voyage aux *Zibans*. Ce passage inattendu d'une saison à l'autre, l'étrangeté du lieu, la nouveauté des perspectives, tout concourut à en faire comme un lever de rideau splendide; et cette subite apparition de l'Orient par la porte d'or d'El-Kantara m'a laissé pour toujours un souvenir qui tient du merveilleux.

Aujourd'hui, je n'attends plus, ni ne désire aucune surprise; mon arrivée au désert se fera plus simplement, sans étonnement, car je vais revoir, sinon les mêmes lieux, du moins des choses et des aspects connus; sans coup de théâtre, car il n'y a pas d'El-Kantara sur la route uniforme et très prévenue que je vais suivre.

Même, et pour savoir d'avance à quoi m'en tenir tout à fait, j'ai soigneusement étudié la carte du Sud, depuis Medeah jusqu'à El-Aghouat; non point en géographe, mais en peintre. — Voici à peu près ce qu'elle indique : des montagnes jusqu'à Boghar; à partir de Boghar, sous la dénomination de Sahara, des plaines succédant à des plaines : plaines unies, marécages, plaines sablonneuses, terrains secs et pierreux, plaines onduleuses et d'*alfa*; à douze lieues nord d'El-Aghouat, un palmier; enfin, El-Aghouat, représenté par un point plus large, à l'intersection d'une multitude de lignes brisées, rayonnant en tout sens, vers des noms étranges, quelques-uns à demi fabuleux; puis, tout à coup, dans le sud-est, une plaine indéfiniment plate, aussi loin que la vue peut s'étendre; et, sur ce grand espace laissé en blanc, ce nom bizarre et qui donne à penser, *Bled-el-Ateuch,* avec sa traduction: *Pays de la soif.* — D'autres reculeraient devant la nudité d'un semblable itinéraire; je t'avoue que c'est précisément cette nudité qui m'encourage.

Je crois avoir un but bien défini. — Si je l'atteignais jamais, il s'expliquerait de lui-même; si je ne dois pas l'atteindre, à quoi bon te l'exposer ici? — Admets seulement que j'aime passionnément le bleu, et qu'il y a deux choses que je brûle de revoir : le ciel sans nuages, au-dessus du désert sans ombre.

El-Gouëa, 24 mai au soir.

On compte, par la route que nous suivons, quatorze lieues de Medeah à Boghar; à peu près deux lieues de moins que la route des prolonges. Elle est aussi directe que peut l'être un sentier d'Arabe dans un pays difficile; c'est-à-dire qu'à moins d'escalader les montées comme on fait d'un rempart et de se laisser glisser aux descentes, il me paraît presque impossible d'abréger davantage. J'ai cru remarquer que le plus souvent nous coupions droit devant nous en pleine montagne, et je n'ai pas vu d'ailleurs que cette voie escarpée, où nous entraînait notre chef de file, fût autrement tracée que par le passage des bergers ou par l'écoulement naturel des eaux de pluie. Cependant rien n'est plus aisé que d'y mener un convoi marchant en bon ordre, avec des mulets peu chargés et des chevaux prudents.

Tout ce pâté de montagnes, que nous avons mis cinq heures à traverser, présente un système irrégulier de mamelons coniques profondément découpés et séparés par d'étroits ravins. Au fond de chacun de ces ravins, creusés en forme d'entonnoirs, il y a des eaux courantes ou de jolies fontaines, avec des lauriers-roses en abondance. Les pentes sont entièrement couvertes de broussailles, et les sommets se couronnent avec gravité de chênes verts, de chênes-lièges et d'arbres résineux. De loin en loin, de petites fumées odorantes, qu'on voit filer paisiblement au-dessus des bois, et de rares carrés d'orges vertes indiquent, dans ce lieu solitaire, la présence de quelques agriculteurs arabes. Cependant, on n'aperçoit ni le propriétaire du champ, ni les cabanes d'où sortent ces fumées; on ne rencontre personne, on n'entend pas même un aboiement de chien. L'Arabe n'aime pas à montrer sa demeure, pas plus qu'il n'aime à dire son nom, à parler de ses affaires, à raconter le but de ses voyages. Toute curiosité dont il peut être l'objet lui est importune. Aussi établit-il sa maison aux endroits les moins apparents, à peu près comme on ferait une embuscade, de manière à n'être point vu, mais à tout observer. Du fond de cette retraite invisible, il a l'œil ouvert sur les routes, il surveille les gens qui passent, en remarque le nombre et s'assure, avec inquiétude, du chemin qu'ils prennent. C'est une alarme quand on fait mine d'examiner le pays, de s'y arrêter ou de se diriger précisément vers le lieu qu'il habite. Quelquefois un de ces campagnards soupçonneux vous accompagne ainsi fort loin, à votre insu et ne vous perd de vue que lorsqu'il n'a plus aucun intérêt réel ou imaginaire à vous suivre. Toutes les habitudes du paysan arabe sont soumises à ce système absolu de précaution et d'espionnage; et sa manière d'entendre la propriété ne peut s'expliquer que par ce général sentiment de défiance. Même à l'état sédentaire, il ne se croit tranquille possesseur que de ce qu'il détient; il préfère la fortune mobilière, parce que rien ne la constate, qu'elle est facile à convertir, facile à nier et enfouissable. La terre, au contraire, l'embarrasse; et toute propriété foncière lui semble incertaine et surtout compromettante. Il n'occupe donc ostensiblement que le petit coin qu'il a ensemencé, et, s'il néglige de s'étendre au delà et de s'approprier par la culture tout le terrain qui l'environne, s'il entretient la solitude autour de lui, et pour ainsi dire jusqu'à la porte de sa maison, c'est uniquement pour ne pas faire un aveu plus manifeste de ce qu'il possède. Rien n'est donc plus abandonné en apparence qu'un pays habité par des tribus arabes; on ne saurait y tenir moins de place, y faire moins de bruit, ni plus discrètement empiéter sur le désert.

Nous avancions en silence et gravissions péniblement, pendus aux crins de nos chevaux, de longs escarpements dont chacun nous coûtait une heure à franchir. Nous faisions lever des engoulevents, des tourterelles de bois, quelques volées plus rares de perdrix grises; par moments, le cri sonore d'un merle éclatait tout près de nous, et l'on voyait le petit oiseau noir fuir au-dessus des fourrés. Il faisait chaud; l'air était orageux; le ciel, semé de nuages, avec des trouées d'un bleu sombre, promenait des ombres immenses sur l'étendue de ce beau pays, tout coloré d'un vert sérieux. C'était paisible, et je ne puis dire à quel point cela me parut grand. A chaque sommet que nous atteignions, je me retournais pour voir monter, à l'horizon opposé, les pics bleuâtres de la *Mouzaïa* Il y eut un moment où, par l'échancrure des gorges, j'entrevis un coin de la plaine, et au-dessus, dans le brouillard, quelque chose de bleu qui ressemblait encore à la mer, cette Méditerranée, mon ami, que d'ici j'appelle la mer du Nord, et qu'un jour, avec regret, j'appellerai, comme autrefois, la mer d'Afrique. De temps en temps, Medeah se montrait au nord-ouest sur un plateau plus clair que les autres, où l'on voyait se dessiner des routes. Vers trois heures, je l'aperçus pour la dernière fois et je lui dis adieu. Il n'apparaissait plus que comme une masse un peu rouge piquée de points blanchâtres au-dessus d'un triple étage de mamelons boisés; je distinguais confusément les deux ou trois minarets qui dominent la ville; je crus reconnaître celui que tu préfères, au pied des casernes, et je donnai un souvenir à nos cigognes; puis mon œil fit le tour de l'horizon. Je ne sais quels fils imperceptibles qui me tenaient au cœur se tendirent un moment plus fort que je n'aurais cru, et je compris alors seulement que je partais et que j'entreprenais autre chose qu'une promenade.

Il y avait quatre heures que nous marchions; nous n'avions pas fait cinq lieues encore, mais nous achevions de monter. Après une dernière heure de marche sur des pentes douces et parmi des fourrés très-épais, mon cheval donna des signes de joie, et je découvris devant moi, dans une sorte de clairière élevée, une maison blanche entourée de cabanes de paille, quelques tentes noires, et notre avant-garde de cavaliers qui déjà disposait le bivouac.

Nous voici donc dans *El-Gouëa,* ou, si tu veux, à *la Clairière,* campés pour cette nuit près de la maison du commandement de *Si-Djilali-Bel Hadj-Meloud,* caïd des *Beni-Haçen.* On appelle maisons de commandement certaines maisons fortifiées, que notre gouvernement fait bâtir à l'intérieur du pays, pour servir de résidence officielle à un chef de tribus, de lieu de défense en cas de guerre, et en même temps d'hôtellerie pour les voyageurs. Indépendamment du chef arabe, qui l'occupe assez irrégulièrement, ces postes sont en général gardés par quelques hommes d'infanterie détachés de la garnison française la plus voisine. Avec plus d'importance et de plus grandes dimensions, ils deviennent des *bordj* (proprement : lieux fortifiés). La maison d'El-Gouëa n'est qu'un modeste corps de garde en rez-de-chaussée, avec une cour au centre, quatre pavillons saillants aux quatre angles, des murs bas, seulement percés de meurtrières, une porte pleine et ferrée. Un grand noyer qui s'élève en forme de boule de l'autre côté de la maison, des hangars de chaume disposés autour, soutenus par des branches mortes et palissadés de broussailles, le jeu du ciel entre les vastes rameaux de l'arbre et de gros nuages orageux roulés en masses étincelantes au-dessus des coteaux devenus bruns, tout cela formait un ensemble de tableau peu oriental, mais qui m'a plu, précisément à cause de sa ressemblance avec la France. Du côté du sud, il n'y a pas de vue; du côté du nord et du couchant, nous dominons une assez grande étendue de collines et de petites vallées, clairsemées de bouquets de bois, de prairies naturelles et de quelques champs cultivés. Les collines se couvraient d'ombres, les bois étaient couleur de bronze, les champs avaient la pâleur exquise des blés nouveaux, le contour des bois s'indiquait par un filet d'ombres bleues. On eût dit un tapis de velours de trois couleurs et d'épaisseur inégale : rasé court à l'endroit des champs, plus laineux à l'endroit des bois. Dans tout cela, rien de farouche et qui fasse penser au voisinage des lions.

Les deux tentes arabes dressées pour nous recevoir serviront d'asile à nos gens et d'abri pour nos bagages, car nous avons tout juste de quoi nous loger nous-mêmes. Je te parlerai de notre *galfa* (caravane) quand elle sera complète et organisée sur un pied de long voyage, quand nous aurons remplacé nos mulets de montagne par des chameaux, et quand notre *klhebbir* (conducteur-chef de caravane), qui, tu le sais, est M. N***, aura rassemblé toute sa suite de cavaliers et de serviteurs. Le tout, chameaux, tentes supplémentaires et gens d'escorte, nous attend à *Boghari,* où nous les trouverons demain soir. Jusqu'ici, notre petit convoi, d'assez vulgaire apparence, se compose, presque à nombre égal, de burnouss et d'habits français, et nos muletiers n'ont pas la rude et patiente allure que je m'attends à trouver dans nos chameliers, ces intrépides marcheurs du désert.

Il est huit heures; nous venons de rentrer sous nos tentes après avoir soupé chez le caïd. *Si-Djilali* nous a donné la *diffa :* il arrivait tout exprès pour nous recevoir de la tribu qu'il habite à quelques lieues d'ici. Il est impossible de recevoir au seuil des pays arabes une hospitalité plus encourageante. Quant à notre hôte, je retrouve en lui ces grands traits de montagnard que nous avons déjà pressentis à Medeah et tant admirés, si tu t'en souviens ; et, comme personnage de frontispice, il a déjà sa valeur. C'est une belle tête, fortement basanée, ardente et pleine de résolution, quoique souriante, avec de grands yeux doux et une bouche fréquemment entr'ouverte à la manière des enfants; cette habitude fait remarquer ses dents qui sont superbes. Il porte deux *burnouss*, un noir par-dessus un blanc. Le *burnouss* noir, qu'on voit rarement dans les tribus du littoral et qui disparaît, m'a-t-on dit, dans le Sud, semble être propre aux régions intermédiaires que je vais traverser de Medeah à D'jelfa. Il est de grosse laine ou de poil de chameau; on dirait du feutre, tant il est lourd, épais, rude au toucher: il a plus d'ampleur que le burnouss de laine blanche, et tombe tout d'une pièce quand il est pendant; relevé sur l'épaule, il forme à peine un ou deux plis réguliers et cassants. Il fait paraître courts les hommes les plus grands, tant il les élargit, et leur donne alors une pesanteur de démarche, une majesté de port extraordinaires. Ajoute à ce vêtement un peu monacal, qui tient de la chape par la roideur, et du froc par le capuchon rabattu dans le dos, des bottes rouges de cavalier, un chapelet de bois brun, une ceinture de maroquin bouclée à la taille, usée par le frottement des pistolets, enfin un long cordon d'amulettes de bois ou de sachets de cuir rouge descendant sur un *haïk djeridi* de fine laine lamée de soie; tout laine et tout cuir, sans broderie, sans flots de soie, sans une ganse d'or, telle était la tenue sévère de notre hôte. *Si-Djilali* est de noblesse militaire; son père, *Si-Hadj-Meloud*, est pèlerin de la Mecque. Il y a, comme tu le vois, du sang de fanatique et de soldat dans ses veines. C'est un homme de trente ans, ou bien alors un jeune homme que la fatigue, une grande position, la guerre peut-être, ou seulement le soleil de son pays ont mûri de bonne heure. A le regarder de plus près, on s'aperçoit que ses yeux pleins de flammes ne sont pas toujours d'accord avec sa bouche, quand celle-ci sourit, et que cette juvénile hilarité des lèvres n'est qu'une manière d'être poli.

La chambre où nous mangions était petite, sans meubles, avec une cheminée française et des murs déjà dégradés, quoique la maison soit neuve. Il y avait du feu dans la cheminée; un tapis de tente, trop grand pour la chambre et roulé contre un des murs, de manière à nous faire un dossier; pour tout éclairage, une bougie tenue par un domestique accroupi devant nous, et faisant, dans une immobilité absolue, l'office de chandelier. Si simple que soit la salle à manger, si mal éclairé que soit le tapis qui sert de table, un repas arabe est toujours une affaire d'importance.

Je n'ai pas à t'apprendre que la *diffa* est le repas d'hospitalité. La composition en est consacrée par l'usage et devient une chose d'étiquette. Pour n'avoir plus à revenir sur ces détails, voici le menu fondamental d'une *diffa* d'après le cérémonial le plus rigoureux. D'abord un ou deux moutons rôtis entiers;

on les apporte empalés dans de longues perches et tout frissonnants de graisse brûlante : il y a sur le tapis un immense plat de bois de la longueur d'un mouton ; on dresse la broche comme un mât au milieu du plat ; le porte-broche s'en empare à peu près comme d'une pelle à labourer, donne un coup de son talon nu sur le derrière du mouton et le fait glisser dans le plat. La bête a tout le corps balafré de longues entailles faites au couteau avant qu'on ne la mette au feu ; le maître de la maison l'attaque alors par une des excoriations les plus délicates, arrache un premier lambeau et l'offre au plus considérable de ses hôtes. Le reste est l'affaire des convives. Le mouton rôti est accompagné de galettes au beurre, feuilletées et servies chaudes ; puis viennent des ragoûts, moitié mouton et moitié fruits secs, avec une sauce abondante, fortement assaisonnée de poivre rouge. Enfin arrive le couscoussou, dans un vaste plat de bois reposant sur un pied en manière de coupe. La boisson se compose d'eau, de lait doux (*halib*), de lait aigre (*leben*) ; le lait aigre semble préférable avec les aliments indigestes ; le lait doux, avec les plus épicés. On prend la viande avec les doigts, sans couteau ni fourchette ; on la déchire ; pour la sauce, on se sert de cuillers de bois, et le plus souvent d'une seule qui fait le tour du plat. Le couscoussou se mange indifféremment, soit à la cuiller, soit avec les doigts ; pourtant, il est mieux de le rouler de la main droite, d'en faire une boulette et de l'avaler au moyen d'un coup de pouce rapide, à peu près comme on lance une bille. L'usage est de prendre autour du plat, devant soi, et d'y faire chacun son trou. Il y a même un précepte arabe qui recommande de *laisser le milieu, car la bénédiction du ciel y descendra*. Pour boire, on n'a qu'une gamelle, celle qui a servi à traire le lait ou à puiser l'eau. A ce sujet, je connais encore un précepte : « Celui qui boit ne *doit* « pas respirer dans la tasse où est la boisson ; il *doit* « l'ôter de ses lèvres pour reprendre haleine ; puis il « *doit* recommencer à boire. » Je souligne le mot doit, pour lui conserver le sens impératif.

Si tu te rappelles l'article *Hospitalité* dans le livre excellent de M. le général Daumas sur le *Grand Désert,* tu dois voir que c'est dans les mœurs arabes un acte sérieux que de manger et de donner à manger, et qu'une *diffa* est une haute leçon de savoir-vivre, de générosité, de prévenances mutuelles. Et remarque que ce n'est point en vertu de devoirs sociaux, chose absolument inconnue de ce peuple antisocial, mais en vertu d'une recommandation divine, et, pour parler comme eux, à titre d'*envoyé de Dieu,* que le voyageur est ainsi traité par son hôte. Leur politesse repose donc non sur des conventions, mais sur un principe religieux. Ils l'exercent avec le respect qu'ils ont pour tout ce qui touche aux choses saintes, et la pratiquent comme un acte de dévotion.

Aussi ce n'est point une chose qui prête à rire, je

l'affirme, que de voir ces hommes robustes, avec leur accoutrement de guerre et leurs amulettes au cou, remplir gravement ces petits soins de ménage qui sont en Europe la part des femmes; de voir ces larges mains, durcies par le maniement du cheval et la pratique des armes, servir à table, émincer la viande avant de vous l'offrir, vous indiquer sur le dos du mouton l'endroit le mieux cuit, tenir l'aiguière ou présenter, entre chaque service, l'essuie-mains de laine ouvrée. Ces attentions, qui dans nos usages paraîtraient puériles, ridicules peut-être, deviennent ici touchantes par le contraste qui existe entre l'homme et les menus emplois qu'il fait de sa force et de sa dignité.

Et quand on considère que ce même homme, qui impose aux femmes la peine accablante de tout faire dans son ménage par paresse ou par excès de pouvoir domestique, ne dédaigne pas de les suppléer en tout quand il s'agit d'honorer un hôte, on doit convenir que c'est, je le répète, une grande et belle leçon qu'il nous donne, à nous autres gens du Nord. L'hospitalité exercée de cette manière, par les hommes à l'égard des hommes, n'est-elle pas la seule digne, la seule fraternelle, la seule qui, suivant le mot des Arabes, *mette la barbe de l'étranger dans la main de son hôte?* Au reste, tout a été dit là-dessus, excepté peut-être quelques détails plus ignorés qui prouvent à l'excès que l'invité est autorisé à se mettre dans le plus grand bien-être possible, et qu'il est permis, même en compagnie, de témoigner qu'on a l'estomac plein. C'est une habitude que notre civilité puérile et honnête n'a pas même imaginé de défendre aux petits enfants qui ont trop mangé. Elle sera difficile à comprendre, surtout à excuser, de la part de gens si graves, et qui jamais ne s'exposent à la moquerie. Mais il ne faut pas oublier qu'elle est dans les mœurs, et que ces choses-là se font avec la plus étonnante bonhomie.

Le café, le thé et le tabac ne sont servis qu'aux étrangers chrétiens, et sont totalement inconnus dans les k'sours et dans les douars arabes du Sud. Un Arabe qui se respecte s'abstient assez généralement d'en faire usage. Il y a de pauvres gens qui n'en ont jamais goûté. On se figure, tout à fait à tort, que chaque Arabe est armé de sa pipe, comme on voit les Maures et les Turcs. Les Maures eux-mêmes ne fument pas tous. J'en connais qui regardent cela comme un vice presque égal à celui de boire du vin; ceux-là sont les méthodistes sévères qui se montrent exacts aux mosquées et ne portent que des vêtements de laine ou de soie, sans broderie de métal, d'or ni d'argent.

*Onze heures.* — J'achève, en regardant la nuit, cette première veillée de bivouac. L'air n'est plus humide, mais la terre est toute molle, la toile des tentes est trempée de rosée; la lune, qui va se lever, commence à blanchir l'horizon au-dessus des bois. Notre bivouac repose dans une obscurité profonde. Le feu allumé au milieu des tentes, et près duquel les Arabes ont jusqu'à présent chuchoté, se racontant je ne sais quoi, mais assurément pas les histoires d'Antar, quoi qu'en disent les voyageurs revenus d'Orient; le feu abandonné s'est éteint et ne répand plus qu'une vague odeur de résine qui parfume encore tout le camp; nos chevaux ont de temps en temps, des frissons amoureux et poussent, vers une femelle invisible qui les enflamme, des hennissements aigus comme un éclat de trompette; tandis qu'une chouette, perchée je ne sais où, exhale à temps égaux, au milieu du plus grand silence, cette petite note unique, plaintive qui fait : cloû! et semble une respiration sonore plutôt qu'un chant.

Boghari, 26 mai au matin.

Ou je me trompe fort, ou j'ai sous les yeux l'Afrique africaine comme on la rêve; et le reste de mon voyage n'aura plus, sous certains rapports, grand'chose à m'apprendre d'ici au désert. J'ai fait une vraie découverte en arrivant ici; car j'ai trouvé qu'à côté de *Boghar,* seul point que je connusse de nom, et qui, pour moi, représentait tout un pays, il en existe un autre dont personne ne parle, sans doute à cause de son inutilité stratégique, ou, plus probablement, à cause de son extraordinaire aridité. Ce pays, qui ne ressemble en rien au premier, s'appelle d'un nom qui a l'air d'un diminutif de Boghar, *Boghari*.

Boghar est une citadelle française, sorte de grand'-garde aventurée sur le sommet d'une haute montagne boisée de pins sombres et toujours verts; Boghari, au contraire, est un petit village entièrement arabe, cramponné sur le dos d'un mamelon soleilleux et toujours aride; ils se font face à trois quarts de lieue de distance, séparés seulement par le Chéliff et par une étroite vallée sans arbres. Je ne suis point monté à Boghar; ce que j'en vois d'ici me paraît triste, froid, curieux peut-être, mais ennuyeux comme un belvédère; quant à Boghari, heureusement pour lui, à peine habitable pour les Arabes, c'est tout simplement la vraie terre de Cham. Mais n'anticipons pas; j'y reviendrai. Nous traverserons ensemble toute cette vallée du Chéliff, et je m'imagine que derrière ces collines aplaties et nues qui barrent l'horizon du Sud, et que je vais franchir aujourd'hui, il y a des choses qui me surprendront.

La première partie de l'étape en venant d'El-Gouëa, d'où nous sommes partis hier au jour levant, se fait non plus comme celle de la veille à travers des maquis entremêlés de bouquets d'arbres, mais à travers une belle forêt de chênes verts; par de vastes clairières tapissées d'herbes et avec de profondes perspectives sur les fonds bleus, sur les fonds verts, touffus, feuillus, d'un pays toujours et toujours boisé. Cette partie de l'étape est très belle. On rêve chasse, on rêve aboiements de meutes, dans ces solitudes pleines d'échos.

Tout à coup la montagne manque sous vos pieds ; l'horizon se dégage, et l'œil embrasse alors à vol d'oiseau, dans toute sa longueur, une vallée beaucoup moins riante, d'un gris fauve qui commence à sentir le feu ; elle est comprise entre deux rangées de collines, celles de droite encore broussailleuses, celles de gauche à peine couronnées de quelques pins rabougris, et de plus en plus découvertes.

La vallée prend son nom de l'*Oued-el-Akoum*, petite rivière encaissée, dont le voisinage anime par-ci par-là d'assez belles cultures, mais ne fait pas pousser un seul arbre, et qui court, inégalement bordée de berges terreuses et de lauriers-roses, se jeter dans le Chéliff au pied de Boghar.

C'est là qu'à la halte du matin, par une journée blonde et transparente, j'ai revu le premières tentes et les premiers troupeaux de chameaux libres, et compris avec ravissement qu'enfin j'arrivais chez les patriarches.

Le vieux *Hadj-Meloud*, tout semblable à son ancêtre *Ibrahim, Ibrahim l'hospitalier*, comme disent les Arabes, nous attendait à sa zmala, où son fils Si-Djilali était venu nous conduire lui-même, pour que toute la famille y fût présente. Il nous reçut à côté du *douar*, suivant l'usage, dans de grandes tentes dressées pour nous (Guïatin-el-Dyaf, tentes des hôtes), au milieu de serviteurs nombreux et avec tout l'appareil convenu. On y mangea beaucoup, et nous y bûmes le café dans de petites tasses vertes sur lesquelles il y avait écrit en arabe : « *Bois en paix.* »

Je n'ai jamais, en effet, rien vu de plus paisible, ni qui invitât mieux à boire en paix dans la maison d'un hôte; je n'ai jamais rien vu de plus simple que le tableau qui se déroulait devant nous.

Nos tentes très vastes et, soit dit en passant, déjà rayées de rouge et de noir comme dans le Sud, occupaient la largeur d'un petit plateau nu, au bord de la rivière. Elles étaient grandes ouvertes, et les portes, relevées par deux bâtons, formaient sur le terrain fauve et pelé deux carrés d'ombres, les seules qu'il y eût dans toute l'étendue de cet horizon accablé de lumière et sur lequel un ciel à demi voilé répandait comme une pluie d'or pâle. Debout dans cette ombre grise, et dominant tout le paysage de leur longue taille, Si-Djilali, son frère et leur vieux père, tous trois vêtus de noir, assistaient en silence au repas. Derrière eux, et en plein soleil, se tenait un cercle de gens accroupis, grandes figures d'un blanc sale, sans plis, sans voix, sans geste, avec des yeux clignotants sous l'éclat du jour et qu'on eût dit fermés. Des serviteurs, vêtus de blanc comme eux et comme eux silencieux, allaient sans bruit de la tente aux cuisines dont on voyait la fumée s'élever en deux colonnes onduleuses au revers du plateau, comme deux fumées de sacrifice.

Au delà, afin de compléter la scène et comme pour l'encadrer, je pouvais apercevoir, de la tente où j'étais couché, un coin du douar, un bout de la rivière où buvaient des chevaux libres, et, tout à fait au fond, de longs troupeaux de chameaux bruns, au cou maigre, couchés sur des mamelons stériles, terre nue comme le sable et aussi blonde que des moissons.

Au milieu de tout cela, il n'y avait donc qu'une petite ombre, celle où reposaient les voyageurs, et qu'un peu de bruit, celui qui se faisait dans la tente.

Et de ce tableau, que je copie sur nature, mais auquel il manquera la grandeur, l'éclat et le silence, et que je voudrais décrire avec des signes de flammes et des mots dits tout bas, je ne garderai qu'une seule note qui contient tout : « *Bois en paix.* »

La vallée de l'Oued-el-Akoum, qui se rétrécit et se dépouille encore à mesure qu'on avance au sud, rencontre le Chéliff à trois heures de là, et débouche, comme je te l'ai dit, entre Boghar et Boghari, dans une autre vallée courant en sens contraire, de l'est à l'ouest, et celle-ci tout à fait aride.

Boghar apparaît de fort loin, posée sur sa montagne pointue, comme une tache grisâtre parmi des massifs verts. Ce n'est au contraire qu'en entrant dans la vallée du Chéliff qu'on découvre, à main gauche, au fond d'un amphithéâtre désolé, mais flamboyant de lumière, le petit village de Boghari, perché sur son rocher.

C'est bizarre, frappant; je ne connaissais rien de pareil, et jusqu'à présent je n'avais rien imaginé d'aussi complètement fauve, — disons le mot qui me coûte à dire, — d'aussi jaune. Je serais désolé qu'on s'emparât du mot, car on a déjà trop abusé de la chose; le mot d'ailleurs est brutal; il dénature un ton de toute finesse et qui n'est qu'une apparence. Exprimer l'action du soleil sur cette terre ardente en disant que cette terre est jaune, c'est enlaidir et gâter tout. Autant vaut donc ne pas parler de couleur et déclarer que c'est très beau; libre à ceux qui n'ont pas vu Boghari d'en fixer le ton d'après la préférence de leur esprit.

Le village est blanc, veiné de brun, veiné de lilas. Il domine un petit ravin, formant égout, où végètent par miracle deux ou trois figuiers très verts et autant de lentisques, et qui semble taillé dans un bloc de porphyre ou d'agate, tant il est richement marbré de couleurs, depuis la lie de vin jusqu'au rouge sang. Hormis ces quelques rejetons poussés sous les gouttières du village, il n'y a rien autour de Boghari qui ressemble à un arbre, pas même à de l'herbe. Le sol, en quelques endroits sablonneux, est partout aussi nu que de la cendre. Nous campons au pied du village, sur un terrain battu, qui a l'apparence d'un champ de foire, et où bivouaquent les caravanes du Sud. Depuis hier, nous y vivons en compagnie des vautours, des aigles et des corbeaux.

Ici, point de réception. Le pays est pauvre; et forcés de pourvoir nous-mêmes à nos divertissements, nous avons fait venir, cette nuit, de Boghari, des danseuses et des musiciens.

Tu sauras que Boghari, qui sert de comptoir et d'entrepôt aux nomades, est peuplée de jolies femmes, venues pour la plupart des tribus sahariennes *Ouled-Nayl, A'r'azlia,* etc., où les mœurs sont faciles, et dont les filles ont l'habitude d'aller chercher fortune dans les tribus environnantes. Les Orientaux ont des noms charmants pour déguiser l'industrie véritable de ce genre de femmes; faute de mieux, j'appellerai celles-ci des danseuses.

On alluma donc de grands feux en avant de la tente rouge qui nous sert de salle à manger; et pendant ce temps on dépêcha quelqu'un vers le village. Tout le monde y dormait, car il était dix heures, et l'on eut sans doute quelque peine à réveiller ces pauvres gens; pourtant, au bout d'une bonne heure d'attente, nous vîmes un feu, comme une étoile plus rouge que les autres, se mouvoir dans les ténèbres à hauteur du village; puis le son languissant de la flûte arabe descendit à travers la nuit tranquille et vint nous apprendre que la fête approchait.

Cinq ou six musiciens armés de tambourins et de

flûtes, autant de femmes voilées, escortées d'un grand nombre d'Arabes qui s'invitaient d'eux-mêmes au divertissement, apparurent enfin au milieu de nos feux, y formèrent un grand cercle, et le bal commença.

Ceci n'était pas du Delacroix. Toute couleur avait disparu pour ne laisser voir qu'un dessin tantôt estompé d'ombres confuses, tantôt rayé de larges traits de lumière, avec une fantaisie, une audace, une furie d'effet sans pareilles. C'était quelque chose comme la *Ronde de nuit* de Rembrandt, ou plutôt, comme une de ses eaux-fortes inachevées. Des têtes coiffées de blanc et comme enlevées à vif d'un revers de burin, des bras sans corps, des mains mobiles, dont on ne voyait pas les bras, des yeux luisants et des dents blanches au milieu de visages presque invisibles, la moitié d'un vêtement attaqué tout à coup en lumière et dont le reste n'existait pas, émergeaient au hasard et avec d'effrayants caprices d'une ombre opaque et noire comme de l'encre. Le son étourdissant des flûtes sortait on ne voyait pas d'où, et quatre tambourins de peau, qui se montraient à l'endroit le plus éclairé du cercle, comme de grands disques dorés, semblaient s'agiter et retentir d'eux-mêmes. Nos feux, qu'on entretenait de branchages secs, pétillaient et s'enveloppaient de longs tourbillons de fumée mêlés de paillettes de braise. En dehors de cette scène étrange, on ne voyait ni bivouac, ni ciel, ni terre; au-dessus, autour, partout, il n'y avait plus rien que le noir, ce noir absolu qui doit exister seulement dans l'œil éteint des aveugles.

Aussi, la danseuse, debout au centre de cette assemblée attentive à l'examiner, se remuant en cadence avec de longues ondulations de corps ou de petits trépignements convulsifs, tantôt la tête à moitié renversée dans une pamoison mystérieuse, tantôt ses belles mains (les mains sont en général fort belles) allongées et ouvertes, comme pour une conjuration, la danseuse, au premier abord, et malgré le sens très évident de sa danse, avait-elle aussi bien l'air de jouer une scène de *Macbeth,* que de représenter autre chose.

Cette autre chose est, au fond, l'éternel thème amoureux sur lequel chaque peuple a brodé ses propres fantaisies, et dont chaque peuple, excepté nous, a su faire une danse nationale.

Tu connais la danse des Mauresques. Elle a son intérêt, qui vient de la richesse encore plus que du bon goût des costumes. Mais, en somme, elle est insignifiante ou tout à fait grossière. Elle fait pendant aux licencieuses parades de *Garageuz* et ne peut pas s'empêcher, dans tous les cas, de sentir un peu le mauvais lieu.

La danse arabe, au contraire, la danse du Sud, exprime avec une grâce beaucoup plus réelle, beaucoup plus chaste, et dans une langue mimique infiniment plus littéraire, tout un petit drame passionné, plein de tendres péripéties ; elle évite surtout les agaceries trop libres qui sont un gros contresens de la part de la femme arabe.

La danseuse ne montre d'abord qu'à regret son pâle visage entouré d'épaisses nattes de cheveux tressés de laines ; elle le cache à demi dans son voile ; elle se détourne, hésite, en se sentant sous les regards des hommes, tout cela avec de doux sourires et des feintes de pudeur exquises. Puis obéissant à la mesure qui devient plus vive, elle s'émeut, son pas s'anime, son geste s'enhardit. Alors commence, entre elle et l'amant invisible qui lui parle par la voix des flûtes, une action des plus pathétiques : la femme fuit, elle élude, mais un mot plus doux la blesse au cœur : elle y porte la main, moins pour s'en plaindre que pour montrer qu'elle est atteinte, et de l'autre, avec un geste d'enchanteresse, elle écarte à regret son doux ennemi. Ce ne sont plus alors que des élans mêlés de résistance ; on sent qu'elle attire en voulant se défendre ; ce long corps souple et caressant se contourne en des émotions extrêmes, et ces deux bras jetés en avant, pour les derniers refus, vont défaillir.

J'abrège ; toute cette pantomime est fort longue et dure jusqu'à ce que la musique, qui se fatigue au moins autant que la danseuse, en ait assez, et termine, en manière de point d'orgue, par un terrible charivari des flûtes et des tambourins.

Notre danseuse, qui n'était pas jolie, avait ce genre de beauté qui convenait à la danse. Elle portait à merveille son long voile blanc et son haïk rouge sur lequel étincelait toute une profusion de bijoux; et quand elle étendait ses bras nus ornés de bracelets jusqu'aux coudes et faisait mouvoir ses longues mains un peu maigres avec un air de voluptueux effroi, elle était décidément superbe.

Il est douteux que j'y prisse un plaisir aussi vif que nos Arabes; mais j'eus là du moins une vision qui restera dans mes souvenirs de voyage à côté de la *fileuse* dont je t'ai parlé tant de fois.

Je ne sais point à quelle heure a fini la fête. Au train dont elle allait, peut-être aurait-elle duré jusqu'au jour, sans un incident. J'ai su ce matin qu'un de nos gens s'étant permis une grossière inconvenance à l'égard de la danseuse, celle-ci s'était retirée, et qu'après beaucoup d'injures et de menaces échangées on s'était séparé on ne peut plus mécontent de part et d'autre.

Nous montons à cheval dans une heure pour aller coucher aux *Ouled-Moktar*. A quatre lieues d'ici, plein sud, nous trouverons les plaines et nous mettrons le pied dans le Sahara.

Comme je l'ai dit, on laisse ici les mulets, et nous prenons un convoi de vingt-cinq chameaux, qui nous attendent depuis hier, patiemment couchés près de nos tentes.

Je commence, au milieu du grand nombre de gens qui encombraient le bivouac, à distinguer ceux qui font le voyage avec nous. Les chameliers attachent leurs sandales; les cavaliers chaussent leurs doubles bottes rouges armées d'éperons. Ce sont tous gens du sud, *Ouled-Moktar*, *Ouled-Nayl*, l'*Aghouâti*, etc. Les burnouss bruns appartiennent au *Makhzen* de El-Aghouât, sombres cavaliers, coiffés de haïks sales, maigres comme leurs chevaux, nourris comme eux de je ne sais quelle rare pitance; comme eux, couchant je ne sais où, et qui font, avec ces infatigables bêtes, des courses au delà de toute croyance.

On charge nos chameaux. Ce sont de grands animaux bien taillés, moins vastes, mais plus déliés que les chameaux du Tell, meilleurs pour la course et aussi bons pour le bât. Ils ont l'œil ardent et les jambes d'une grande finesse. Ils beuglent horriblement quand on leur met la charge sur le dos; et je viens d'apprendre de notre *bach'amar* ce qu'ils disent en se plaignant de la sorte.

Ils disent à celui qui les sangle : « Mets-moi des coussins pour que je ne me blesse pas. »

D'jelfa, 31 mai.

Nous sommes arrivés hier à D'jelfa, après cinq journées de marche presque toujours en plaine, par un beau temps, nuageux encore, mais assez chaud pour me convaincre que nous sommes depuis cinq jours dans le Sahara.

Géographiquement, le *Sahara* commence à Boghar; c'est-à-dire que là finit la région montagneuse des terres cultivables, j'aimerais à dire cultivées, qu'on appelle le *Tell*. Tu sais qu'on n'est pas d'accord sur l'étymologie des mots Tell et Sahara. M. le général Daumas, dans un livre précieux, même après huit ans de découvertes, *le Sahara algérien,* propose une étymologie qui me plaît à cause de son origine arabe, et dont je me contente. D'après les T'olba, Sahara viendrait de *Sehaur*, moment difficile à saisir, qui précède le point du jour et pendant lequel on peut, en temps de jeûne, encore manger, boire et fumer; Tell viendrait de *Tali*, qui veut dire dernier. Le Sahara serait donc le pays vaste et plat où le Sehaur est plus facilement appréciable, et, par analogie, le Tell serait le pays montueux, en arrière du Sahara, où le Sehaur n'apparaît qu'en dernier.

Quoi qu'il en soit, il est certain que Sahara ne veut point dire *Désert*. C'est le nom général d'un grand pays composé de plaines, inhabité sur certains points, mais très peuplé sur d'autres, et qui prend les noms de *Fiafi, Kifar,* ou *Falat,* suivant qu'il est habité, temporairement habitable, comme après les pluies d'hiver, ou inhabité et inhabitable. Or, il y a fort loin de Boghar au Falat, c'est-à-dire à la mer de sable, qui ne commence guère qu'au delà du *Touat*, à quarante journées de marche environ d'Alger. Ainsi, quoique j'aie à te parler aujourd'hui de lieux très solitaires, tu sauras qu'il ne s'agit en aucune façon du Falat ou Grand Désert.

Encore une explication nécessaire, et j'en aurai fini avec la géographie. Le Sahara renferme deux populations distinctes, l'une autochtone, sédentaire, avec des centres fixes dans des villes ou villages (*k'sour*), aux endroits où l'eau constante a permis de s'établir; l'autre, c'est la race des Arabes conquérants, nomade et vivant sous la tente. Les premiers sont cultivateurs, les seconds sont bergers. Une association conçue dans l'intérêt commun unit ces deux peuples; ce qui n'empêche pas l'Arabe de mépriser absolument son utile voisin, ce voisin de lui rendre son mépris. Ils se partagent les oasis dont ils sont ensemble propriétaires. L'habitant du k'sour cultive, à titre de fermier, le jardin du nomade; de son côté, le nomade se charge des troupeaux communs, les mène aux pâturages d'hiver; et, l'été, c'est lui qui va chercher, sur les marchés du Tell, les grains dont l'un et l'autre ont un besoin égal. En sorte qu'échelonnées ainsi sur deux ou trois cents lieues de pays, celles-là dans l'oasis, celles-ci dans les plaines intermédiaires que les pluies ont rendues habitables, d'immenses populations couvrent en réalité cette vaste étendue du Sahara, qu'on aurait grand tort, comme tu le vois, d'appeler désert, mais où l'on avait cependant supposé toute espèce d'êtres chimériques, excepté l'homme, le plus réel et le plus nombreux de tous.

Cela dit, je reprends ces notes de route au bivouac de Boghari, au moment où je t'ai quitté pour monter à cheval.

C'est à midi seulement qu'on se mit en marche, car Boghari est un lieu d'amorces, d'où les voyageurs arabes ne s'éloignent pas volontiers ; du moins j'ai cru le comprendre à la lenteur inaccoutumée des préparatifs de départ. Pourtant, au signal donné par le *bach-amar* (chef du convoi), le troupeau mugissant des chameaux de charge se leva confusément et enfin s'ébranla ; nous prîmes au galop la tête du convoi, et, quelques minutes après, le petit village redevenu solitaire disparut derrière la première colline, silencieux comme à notre arrivée, sérieux malgré le vif éclat de ses murs crépis, et plus taciturne encore qu'au jour levant, sous le blanc linceul de midi. Presque aussitôt nous entrions dans la vallée du *Chéliff*.

Cette vallée ou plutôt cette plaine inégale et caillouteuse, coupée de monticules, et ravinée par le Chéliff, est à coup sûr un des pays les plus surprenants qu'on puisse voir. Je n'en connais pas de plus singulièrement construit, de plus fortement caractérisé, et, même après Boghari, c'est un spectacle à ne jamais oublier.

Imagine un pays tout de terre et de pierres vives, battu par des vents arides et brûlé jusqu'aux entrailles ;

une terre marneuse, polie comme de la terre à poterie, presque luisante à l'œil tant elle est nue, et qui semble, tant elle est sèche, avoir subi l'action du feu ; sans la moindre trace de culture, sans une herbe, sans un chardon ; — des collines horizontales qu'on dirait aplaties avec la main ou découpées par une fantaisie étrange en dentelures aiguës, formant crochet, comme des cornes tranchantes ou des fers de faux ; au centre, d'étroites vallées, aussi propres, aussi nues qu'une aire à battre le grain ; quelquefois, un morne bizarre, encore plus désolé, si c'est possible, avec un bloc informe posé sans adhérence au sommet, comme un aérolithe tombé là sur un amas de silex en fusion ; — et tout cela, d'un bout à l'autre, aussi loin que la vue peut s'étendre, ni rouge, ni tout à fait jaune, ni bistré, mais exactement couleur de peau de lion.

Quant au Chéliff, qui, quarante lieues plus avant, dans l'ouest, devient un beau fleuve pacifique et bienfaisant, ici, c'est un ruisseau tortueux, encaissé, dont l'hiver fait un torrent, et que les premières ardeurs de l'été épuisent jusqu'à la dernière goutte. Il s'est creusé dans la marne molle un lit boueux qui ressemble à une tranchée, et, même au moment des plus fortes crues, il traverse sans l'arroser cette vallée misérable et dévorée de soif. Ses bords taillés à pic sont aussi arides que le reste ; à peine y voit-on, accrochés à l'intérieur du lit et marquant le niveau des grandes eaux, quelques rares pieds de lauriers-roses, poudreux, fangeux, salis, et qui expirent de chaleur au fond de cette étroite ornière, incendiée par le soleil plongeant du milieu du jour.

D'ailleurs, ni l'été, ni l'hiver, ni le soleil, ni les rosées, ni les pluies qui font verdir le sol sablonneux et salé du désert lui-même ne peuvent rien sur une terre pareille. Toutes les saisons lui sont inutiles; et de chacune d'elles, elle ne reçoit que des châtiments.

Nous mîmes trois heures à traverser ce pays extraordinaire, par une journée sans vent et sous une atmosphère tellement immobile que le mouvement de la marche n'y produisait pas le plus petit souffle d'air. La poussière soulevée par le convoi se roulait sans s'élever sous le ventre de nos chevaux en sueur. Le ciel était, comme paysage, splendide et morne; de vastes nuées couleur de cuivre y flottaient pesamment dans un azur douteux, aussi fixes et presque aussi fauves que le paysage lui-même.

Rien de vivant, ni autour de nous, ni devant nous, ni nulle part; seulement, à de grandes hauteurs, on pouvait, grâce au silence, entendre par moments des bruits d'ailes et des voix d'oiseaux : c'étaient de noires volées de corbeaux qui tournaient en cercle autour des mornes les plus élevés, pareilles à des essaims de moucherons, et d'innombrables bataillons d'oiseaux blanchâtres aux ailes pointues, ayant à peu près le vol et le cri plaintif des courlis. De loin en loin, un aigle, au ventre rayé de brun, des gypaètes tachés de noir et de gris clair, traversaient lentement cette solitude, l'interrogeant d'un œil tranquille, et, comme des chasseurs fatigués, regagnaient les montagnes boisées de Boghar.

C'est au delà de Boghari, après une succession de collines et de vallées symétriques, limite extrême du Tell, qu'on débouche enfin, par un col étroit, sur la première plaine du Sud.

La perspective est immense. Devant nous se développaient vingt-quatre ou vingt-cinq lieues de terrains plats sans accidents, sans ondulations visibles. La plaine, d'un vert douteux, déjà brûlée, était, comme le ciel, toute rayée dans sa longueur d'ombres grises et de lumières blafardes. Un orage, formé par le milieu, la partageait en deux et nous empêchait d'en mesurer l'étendue. Seulement, à travers un brouillard inégal, où la terre et le ciel semblaient se confondre, on devinait par échappées une ligne extrême de montagnes courant parallèlement au Tell, de l'est à l'ouest, et, vers leur centre, les sept pitons saillants ou sept têtes, qui leur ont fait donner le nom de *Seba'Rous*.

Le col franchi, notre petit convoi se déploya dans la plaine unie et prit son ordre de marche, ordre que nous conservons depuis le départ, poussant droit du nord au sud, sur les Sept Têtes, que nous ne devions atteindre que le surlendemain. — En avant, les cavaliers, au nombre d'une trentaine environ; derrière, nos chameaux, stimulés par les cris perçants et les sifflets des chameliers ; à l'extrême avant-garde, notre *khrebir*, M. N..., se laissant doucement aller au pas de son grand cheval blanc, qui a toujours quelque cent mètres d'avance sur les autres ; à ses côtés, et le serrant de près, deux ou trois cavaliers de ses serviteurs, beaux jeunes gens vêtus de blanc, montés sur d'agiles petites juments blanches ou grises, mais nonchalants comme à la promenade, à peine armés, et dont un seul porte un fusil double, le fusil du maître, avec sa vaste *djebira* en peau de lynx pendue à l'arçon de sa selle.

Quant à moi, tu me trouverais le plus souvent faisant route un peu à part ou à côté des plus paisibles, afin d'être plus à moi ; tantôt regardant, pendant des heures entières, filer sur les longues perspectives les burnouss blancs, les croupes luisantes, les selles à dossier rouge ; tantôt me détournant pour voir arriver de loin le peloton roux de nos chameaux marchant en bataille, avec leurs cous tendus, leurs jambes d'autruche, et notre pittoresque mobilier de voyage amoncelé sur leur dos.

Outre nos cavaliers d'escorte et nos gens de service, nous emmenons trois *amins* des Mzabites avec leur suite, qui vont régler, je crois, quelques difficultés politiques que nous avons avec le pays du Mzab. L'un est un grand et rude cavalier, armé en guerre, qui monte avec aplomb un beau cheval noir richement harnaché de velours pourpre et d'argent, et garni d'un large devant de poitrail en étoffe écarlate.

Le second, amin des *Beni-Isguen*, est un petit vieillard coiffé bas, à mine affable, aux yeux doux, et dont la bouche encadrée d'une barbe blanche, bouclée comme une chevelure, sourit avec plusieurs dents de moins.

Le troisième, qui se nomme *Si-Bakir*, honnête et joviale figure entre deux âges, fort petit, extrêmement replet, s'arrondit en boule au-dessus d'un petit mulet proprement couvert et douillettement sellé d'un épais matelas de *Djerbi*. C'est un bon et riche bourgeois, qui a trois bains maures à Alger et un fils à *Berryan*, et qui me parle avec un amour égal de son enfant, de ses bains et des dattes renommées de son pays. Il est mis à peu près comme il le serait dans sa chambre : le bas de ses jambes dans de bonnes chaussettes de laine, et les pieds dans des souliers de cuir noir. Je ne lui vois d'ailleurs aucune arme. Son unique défense est contre le soleil et consiste en un chapeau de paille, orné à son sommet de plumes d'autruche, le plus grand chapeau que j'aie jamais vu, vaste comme un parasol, et qu'il a soin d'ôter et de remettre chaque fois que le temps très capricieux se couvre ou s'éclaircit.

Comme il me témoigne assez d'amitié, j'aime à voyager dans sa compagnie. Il sait juste autant de français que je sais d'arabe, ce qui rend nos communications fort amusantes, mais assez rarement instructives.

A huit heures, en pleine nuit déjà, nous arrivions au bivouac, — et nous mettions ensemble pied à terre au milieu des tentes des *Ouled-Moktar,* où nous devions passer la nuit. — Ni la longueur de l'étape (nous avions fait trois lieues de trop), ni le manque d'eau depuis le matin, n'avaient distrait Si-Bakir de sa complaisance à m'entretenir ; il achevait alors l'historique un peu confus de sa fortune commerciale, et me promettait, pour l'étape suivante, l'histoire de son fils ; enfin cet aimable vieillard scellait notre récente amitié en me tenant l'étrier, avec une humble courtoisie dont je voulais en vain me défendre.

Le lendemain, après une petite marche de cinq ou six heures, nous campions vers midi à Aïn-Ousera ; triste bivouac, le plus triste sans contredit de toute la route, au bord d'un marais vaseux, sinistre, dans des sables blanchâtres, hérissés de joncs verts ; à l'endroit le plus bas de la plaine, avec un horizon de quinze lieues au nord, de neuf lieues au sud ; dans l'est et dans l'ouest, une étendue sans limite. Une compagnie nombreuse de vautours gris et de corbeaux monstrueux occupait la source à notre arrivée : immobiles, le dos voûté, rangés sur deux lignes au bord de l'eau, je les pris de loin pour des gens comme nous pressés de boire ; il fallut un coup de fusil pour disperser ces fauves et noirs pèlerins.

Une source, dans ce pays avare, est toujours accueillie comme un bienfait, même quand cette source brûlante et fétide ressemble au triste marais d'*Aïn-Ousera*. On y puise avec reconnaissance, et l'on s'estime heureux d'y remplir ses outres pour la marche sans eau du lendemain.

Les oiseaux partis, nous demeurâmes seuls. Il n'y avait rien en vue dans l'immense plaine; notre bivouac disparaissait lui-même dans un des plis du terrain. Vers le soir cependant, un petit convoi de cinq chameaux, conduits par trois chameliers, vint s'établir auprès de nous, tout à fait au bord de la source. Les chameaux déchargés se mirent à paître; les trois voyageurs firent un seul amas des *tellis* (sacs en poils de chameau pour les transports), et se couchèrent auprès. Ils n'allumèrent point de feu, n'ayant probablement rien à faire cuire, et je ne les vis plus remuer jusqu'à la nuit. Le lendemain au point du jour, nous les aperçûmes déjà à une lieue de nous, s'en allant dans le sud-est.

Était-ce fatigue? était-ce un effet du lieu? je ne sais, mais cette journée-là fut longue, sérieuse, et nous la passâmes presque tous à dormir sous la tente. Ce premier aspect d'un pays désert m'avait plongé dans un singulier abattement. Ce n'était pas l'impression d'un beau pays frappé de mort et condamné par le soleil à demeurer stérile; ce n'était plus le squelette osseux de Boghari, effrayant, bizarre, mais bien construit; c'était une grande chose sans forme, presque sans couleur, le rien, le vide et comme un oubli du bon Dieu; des lignes fuyantes, des ondulations indécises; derrière, au delà, partout, la même couverture d'un vert pâle étendue sur la terre; çà et là des taches plus grises, ou plus vertes, ou plus jaunes; d'un côté, les Seba'Rous à peine éclairées par un pâle soleil couchant; de l'autre, les hautes montagnes du Tell encore plus effacées dans les brumes incolores; et là-dessus, un ciel balayé, brouillé, soucieux, plein de pâleurs fades, d'où le soleil se retirait sans pompe et comme avec de froids sourires. Seul, au milieu du silence profond, un vent doux qui venait du nord-ouest et nous amenait lentement un orage, formait de légers murmures autour des joncs du marais. Je passai une heure entière couché près de la source à regarder ce pays pâle, ce soleil pâle, à écouter ce vent si doux et si triste. La nuit qui tombait n'augmenta ni la solitude, ni l'abandon, ni l'inexprimable désolation de ce lieu.

On tua, ce jour-là, soit en marche, soit à la source : un *ganga*, jolie perdrix au bec et aux pieds rouges, curieusement peinte de gris et de jaune, avec un collier marron, chair dure et détestable à manger; un grand palmipède entièrement gris perle, avec la tête, le bec et les pieds noirs, les ailes de la mouette longues et pointues; une petite bécassine toute ronde, plus grise que la bécassine sourde de France; une tourterelle; deux ramiers couleur ardoise azurée, et que j'appellerai dorénavant des pigeons bleus; enfin deux tadornes, superbes canards plus gros que les nôtres et aussi mieux ornés, avec une belle robe fond couleur abricot.

Nous étions à *Aïn-Ousera,* à plus de la moitié de la plaine; il ne nous restait que huit ou neuf lieues à faire pour atteindre le bivouac suivant de *Guelt-Esthel.* Le soleil du matin toujours plus gai, la montagne qui se rapprochait, la plaine un peu moins nue, de temps en temps égayée de quelques *betoum,* Aïn-Ousera même devenu moins lugubre au jour levant, tout cela m'avait ranimé. Aussi, quoique la grande halte faite en plein soleil, au beau milieu d'un terrain d'alfa, n'eût rien de bien aimable, quoique notre déjeuner, presque sans eau, ressemblât beaucoup trop à celui de la veille, j'arrivai, sans fatigue et l'âme à peu près satisfaite, au col des Seba'Rous, qui donne entrée dans la vallée de Guelt-Esthel.

Ici, le pays change entièrement d'aspect, au point qu'on croirait s'être trompé de route et rebrousser chemin vers le nord. Les montagnes pierreuses et de la plus vilaine forme, composées de cailloux plutôt que de rochers, sont couronnées de pins. La vallée, pareillement couverte de pins et d'assez beaux chênes, a surtout le grand tort de n'être point à sa place en plein territoire des *Ouled-Nayl,* et sur le chemin du désert.

Nous trouvons ici non seulement des vivants, mais un petit poste de tirailleurs français occupés à bâtir un caravansérail.

Pendant trois longs jours passés, soit en marche, soit au bivouac, dans cette première plaine, avant-goût des solitudes du Sud, nous avions, en fait de créatures humaines, rencontré, le premier jour, un douar nomade; le deuxième, un jeune enfant gardant dans l'alfa un troupeau de petits chameaux maigres, et nos trois voyageurs de la source; le troisième, rien. En entrant dans la gorge, j'avais trouvé un soldat du génie monté sur un arbre et coupant du bois. J'éprouvai quelque plaisir en entendant sortir du milieu des branches une voix française qui me disait bonjour. Je lui demandai de m'indiquer la source; il me répondit que je la trouverais à une demi-lieue plus avant dans la gorge, à l'endroit où je verrais deux gros figuiers, trois tentes avec des gourbis de paille, et des maçons en train de bâtir. C'était exact, et voilà tout ce que j'ai pu noter de Guelt-Esthel. Je dois ajouter que c'est, malgré sa richesse en bois de chauffage, un pays stérile, boisé d'arbres aussi tristes que des pierres, qu'il y neige abondamment l'hiver, et que l'été on y brûle. J'aurais tort d'oublier pourtant l'hospitalité bien cordiale que nous avons reçue de M. F. de P..., jeune officier du génie, emprisonné là avec son petit poste de travailleurs, et qui se console de sa dure mission en pensant qu'après cent cinquante ou deux cents veillées passées à Guelt-Esthel, la solitude n'aura plus de secrets à lui apprendre, ni d'ennuis au-dessus de sa patience.

On retrouve la plaine en quittant Guelt-Esthel, et de même qu'en sortant de Boghari, on a devant soi, pour l'horizon, une nouvelle ligne de petites montagnes, courant pareillement de l'est à l'ouest et perdues dans le bleu. Supprime, ce qui ne nuirait pas à l'intérêt du voyage, ce bourrelet montagneux de Guelt-Esthel, et tu n'auras plus, de Boghar au *Rocher de sel,* qu'une seule et même étendue de trente-quatre ou trente-cinq lieues. Cette étendue, parfaitement plate, conserve toujours, malgré les changements du sol, une couleur générale assez douteuse; les plans les plus rapprochés de l'œil sont jaunâtres, les parties fuyantes se fondent dans des gris violets; une dernière ligne cendrée, mais si mince qu'il faudrait l'exprimer d'un seul trait, détermine la profondeur réelle du paysage et quelquefois mesure d'énormes distances. Le terrain, très variable au contraire, est alternativement coupé de marécages, sablonneux comme aux approches du *Rocher de Sel,* ou bien couvert de graminées touffues *(alfa),* d'absinthes *(chih),* de pourpiers de mer *(k'taf),* de romarins odorants, etc...; tantôt enfin, mais plus rarement, clairsemé d'arbustes épineux et de quelques pistachiers sauvages.

Le pistachier *(betoum),* térébinthe ou lentisque de la grande espèce, est un arbre providentiel dans ces pays sans ombre. Il est branchu, touffu, ses rameaux s'étendent au lieu de s'élever et forment un véritable parasol, quelquefois de cinquante ou soixante pieds de diamètre. Il produit de petites baies réunies en grappes rouges, légèrement acides, fraîches à manger, et qui, faute de mieux, trompent la soif. Chaque fois que notre convoi passe auprès d'un de ces beaux arbres au feuillage sombre et lustré, il se rassemble autour du tronc; ceux des chameliers qui sont montés se dressent à genoux pour atteindre à hauteur des branches, arrachent des poignées de fruits et les jettent à leurs compagnons qui vont à pied; pendant ce temps, les chameaux, le cou tendu, font de leur côté provision de fruits et de feuilles. L'arbre reçoit sur sa tête ronde les rayons blancs de midi; par-dessous, tout paraît noir; des éclairs de bleu traversent en tous sens le réseau des branches; la plaine ardente flamboie autour du groupe obscur, et l'on voit le désert grisâtre se dégrader sous le ventre roux des dromadaires. On souffle un moment, puis un coup de sifflet plus aigu du *bach'amar* (conducteur du convoi) disperse les bêtes, et le convoi reprend sa marche au grand soleil.

L'*alfa* est une plante utile il sert de nourriture aux chevaux; on en fait en Orient des ouvrages de sparterie, et, dans le Sahara, des nattes, des chapeaux, des gamelles, des pots à contenir le lait et l'eau, de larges plats pour servir les fruits, etc. Sur pied, il sert de retraite au gibier : lièvres, lapins, gangas. Mais l'alfa est pour un voyageur la plus ennuyeuse végétation que je connaisse; et, malheureusement, quand il s'empare de la plaine, c'est alors pour des lieues et des lieues. Imagine-toi toujours la même touffe poussant au hasard sur un terrain tout bosselé, avec l'aspect et la couleur d'un petit jonc, s'agitant, ondoyant comme une chevelure au moindre souffle, si bien qu'il y a presque toujours du vent dans l'alfa. De loin, on dirait une immense moisson qui ne veut pas mûrir et qui se flétrit sans se dorer. De près, c'est un dédale, ce sont des méandres sans fin où l'on ne va qu'en zigzag, et où l'on butte à chaque pas. Ajoute à cette fatigue de marcher en trébuchant la fatigue aussi grande d'avoir un jour entier devant les yeux ce steppe décourageant, vert comme un marais, sans point d'orientation, et qu'on est obligé de jalonner de gros tas de pierres pour indiquer les routes. Il n'y a jamais d'eau dans l'alfa ; le sol est grisâtre, sablonneux, rebelle à toute autre végétation.

Je préfère, quant à moi, les terrains pierreux, secs, durs et mêlés de salpêtre, où croissent les romarins et les absinthes ; on y marche à l'aise ; la couleur en est belle, l'aspect franchement stérile ; et c'est là surtout qu'on voit grouiller sous ses pieds, ramper, fuir et se tortiller tout un petit peuple d'animaux amis du soleil et des longues siestes sur le sable chaud. Les lézards gris sont innombrables. Ils ressemblent à nos plus petits lézards de muraille, avec une agilité que paraît avoir doublée le contentement de vivre sous un pareil soleil. On en rencontre, mais rarement, qui sont fort gros. Ceux-ci ont la peau lustrée, le ventre jaune, le dos tacheté, la tête fine et longue comme celle des couleuvres. Quelquefois, une vipère étendue et semblable de loin à une baguette de bois tordu, ou bien roulée sur une souche d'absinthe, se soulève à votre approche, et, sans vous perdre de vue, rentre avec assurance dans son trou. Des rats, gros comme de petits lapins, aussi agiles que les lézards, ne font que se montrer et disparaître à l'entrée du premier trou qui se présente, comme s'ils ne se donnaient pas le temps de choisir leur asile, ou bien comme s'ils étaient à peu près partout chez eux. Je n'ai encore aperçu d'eux que ce qu'ils me laissent voir en fuyant; et cela forme une petite tache blanche sur un pelage gris.

Mais, au milieu de ce peuple muet, difforme ou venimeux, sur ce terrain pâle et parmi l'absinthe toujours grise et le *k'taf* salé, volent et chantent des alouettes, et des alouettes de France. Même taille, même plumage et même chant sonore; c'est l'espèce huppée qui ne se réunit pas en troupes, mais qui vit par couples solitaires; tristes promeneuses qu'on voit dans nos champs en friche et, plus souvent, sur le bord des grands chemins, en compagnie des casseurs de pierres et des petits bergers. Elles chantent à une époque où se taisent presque tous les oiseaux, et aux heures les plus paisibles de la journée, le soir, un peu avant le coucher du soleil. Les rouges-gorges, autres chanteurs d'automne, leur répondent du haut des amandiers sans feuilles; et ces deux voix expriment avec une étrange douceur toutes les tristesses d'octobre. L'une est plus mélodique et ressemble à une petite chanson mêlée de larmes; l'autre est une phrase en quatre notes, profondes et passionnées. Doux oiseaux qui me font revoir tout ce que j'aime de mon pays, que font-ils, je te le demande, dans le Sahara? Et pour qui donc chantent-ils dans le voisinage des autruches et dans la morne compagnie des antilopes, des bubales, des scorpions et des vipères à cornes? Qui sait? sans eux il n'y aurait plus d'oiseaux peut-être pour saluer les soleils qui se lèvent. — *Allah! akbar!* Dieu est grand et le plus grand!

A l'heure matinale où me venaient ces souvenirs et bien d'autres, — souvenirs d'un pays que je reverrai, *s'il plaît à Dieu*, — nous étions près d'atteindre la moitié de la plaine, et nous avions en vue un petit *douar* et d'immenses troupeaux appartenant aux *Ouled-d'Hya*, fraction des Ouled-Nayl. C'était le premier *douar* que nous rencontrions depuis notre entrée dans le Sahara, et notre halte de nuit chez les Ouled-Moktar.

Dans cette saison, les nomades commencent à se rapprocher de leurs pâturages d'été, et la plaine est déserte.

On piqua droit sur les tentes; il faisait chaud, et nous avions encore à traverser une longue lisière de sables jaunes que nous voyions briller entre la montagne et nous, rude passage en plein midi, sous un soleil sans nuages.

Le caïd nous reçut. On ne fit que débrider les chevaux, et nous prîmes tout juste le temps de nous reposer à l'ombre, de manger des dattes et de boire du lait de chamelle, sans eau, l'eau étant ici plus rare encore et plus détestable qu'ailleurs.

Le douar ne comptait pas plus de quinze ou vingt tentes, ce qui représente à peine le plus petit des hameaux nomades ; mais il avait bien le rude aspect des vrais campements sahariens ; et, dans un très petit exemple, c'était, pour qui ne l'eût pas connue, un tableau complet de la vie nomade à ses heures de repos.

Des tentes rouges, rayées de noir, soutenues pittoresquement par une multitude de bâtons, et retenues à terre par une confusion d'amarres et de piquets. Dedans, et entassés pêle-mêle, la batterie de cuisine, le mobilier du ménage, le harnais de guerre du maître de la tente, les meules de pierre à moudre le grain, les lourds mortiers à piler le poivre, les plats de bois *(sahfa)* où l'on pétrit le couscoussou ; le crible où on le passe ; les vases percés *(keskasse)* où on le fait cuire ; les gamelles en alfa tressé, les sacs de voyage ou *tellis ;* les bâts de chameaux, les *djerbi,* les tapis de tente ; les métiers à tisser les étoffes de laine ; les larges étrilles de fer qui servent à carder la laine brute du chameau, etc. Et parmi tout ce désordre d'objets salis et de choses noirâtres, un ou deux coffres carrés aux vives couleurs, aux serrures de cuivre, garnis de clous dorés aux angles ; cassettes qui doivent contenir, avec les bijoux de femmes, ce qu'il y a de plus précieux dans la fortune du maître. Au dehors, un terrain battu, brouté, dépouillé même de toute racine, plein de souillures, couvert de débris et de carcasses, avec des places noircies par le feu ; les fourneaux creusés dans la terre et composés de trois pierres formant foyer ; des amas de broussailles sèches, et les outres noires à longs poils, pendues à trois bâtons mis en faisceau. Autour, la plaine immense avec les chameaux sans gardien, qui se dispersent le jour et qui, le soir, se rassemblent au son de la trompe et viennent se coucher dans le douar.

Voilà donc la maison mobile où le nomade saharien passe une moitié de sa vie ; l'homme à ne rien faire, car *travailler c'est une honte ;* la femme à tout entretenir, à tout soigner, pendant que le chien vigilant fait sentinelle, patient, sobre et soupçonneux comme son maître. L'autre moitié de sa vie se passe en voyage. Un autre jour, je te parlerai de la tribu en marche, *nedja ;* admirable spectacle qui renouvelle ici sous nos yeux, en plein âge moderne, à deux pas de l'Europe les migrations d'Israël.

Que ce dernier mot, écrit d'enthousiasme, ne m'engage par surtout au delà de ce que je veux dire. Il n'est qu'à moitié vrai. Et, comme il effleure une question d'art, question qui, selon moi, n'a pas le sens commun, mais n'importe, question posée, discutée et toujours pendante ; comme il effleure, dis-je, une question grave après tout, celle de la *couleur locale* appliquée à un certain ordre de sujets, je désire m'expliquer sur ce qu'il y a de trop contestable dans la comparaison que j'ai faite.

Voici la seconde fois que j'introduis la Bible dans ces notes ; ce qui te laisserait croire que je voyage en vrai pays de Chanaan, moins l'abondance, et que je rencontre à chaque pas le riche Laban ou le généreux Booz.

On a écrit, en effet, bien plus, on a voulu prouver par des essais, tu sais lesquels, que les anciens maîtres avaient défiguré la Bible par la peinture, qu'elle avait rendu l'âme entre leurs mains, et que, s'il restait un moyen de ressusciter cette chose aujourd'hui morte, c'était d'aller la contempler toute réelle encore et dans son effigie vivante, en Orient.

Cette opinion s'appuie sur un fait vrai en lui-même, c'est que les Arabes, ayant à peu près conservé les habitudes des premiers peuples, doivent aussi, mieux que personne, en garder la ressemblance, non seulement dans leurs mœurs, mais encore dans leur costume, costume si favorable d'ailleurs, qu'il a le double avantage d'être aussi beau que le grec et d'être plus local. Il est certain, ajoute-t-on, que Rachel et Lia, filles du pasteur Laban, n'étaient point habillées comme Antigone, fille du roi OEdipe; qu'elles se présentent à notre esprit dans un tout autre milieu, avec une forme différente, et aussi sous un tout autre soleil : il est non moins certain que les patriarches devaient vivre comme vivent les Arabes, comme eux gardant leurs moutons, ayant comme eux des maisons de laine, des chameaux pour le voyage, et le reste.

Mon opinion, quant au système, la voici :

C'est que les hommes de génie ont toujours raison et que les gens de talent ont souvent tort. Costumer la Bible, c'est la détruire; comme habiller un demi-dieu, c'est en faire un homme. La placer en un lieu reconnaissable, c'est la faire mentir à son esprit; c'est traduire en histoire un livre antéhistorique. Comme, à toute force, il faut vêtir l'idée, les maîtres ont compris que dépouiller la forme et la simplifier, c'est-à-dire supprimer toute couleur locale, c'était se tenir aussi près que possible de la vérité... *Et ego in Arcadia...* Sont-ce des Grecs? est-ce l'Arcadie? Oui et non : non, pour le drame; oui, dans le sens de l'éternelle tragédie de la vie humaine.

Donc, hors du général, pas de vérité possible, dans les tableaux tirés de nos origines ; et bien décidément il faut renoncer à la Bible, ou l'exprimer comme l'ont fait Raphaël et Poussin.

Remarque que cette opinion se confirme à mesure que je voyage, et précisément dans le pays qui semblerait devoir produire en moi un entraînement contraire. N'y a-t-il donc aucun enseignement à tirer de ce peuple qui, je le reconnais, fait involontairement et souvent penser à la Bible? N'y a-t-il pas en lui quelque chose qui met l'âme en mouvement et en quoi l'esprit s'élève et se complaît comme en des visions d'un autre âge? Oui, ce peuple possède une vraie grandeur. Il la possède seul, parce que, seul au milieu des civilisés, il est demeuré simple dans sa vie, dans ses mœurs, dans ses voyages. Il est beau de la continuelle beauté des lieux et des saisons qui l'environnent. Il est beau, surtout parce que, sans être nu, il arrive à ce dépouillement presque complet des enveloppes que les maîtres ont conçu dans la simplicité de leur grande âme. Seul, par un privilège admirable, il conserve en héritage ce quelque chose qu'on appelle biblique, comme un parfum des anciens jours. Mais tout cela n'apparaît que dans les côtés les plus humbles et les plus effacés de sa vie. Et si, plus fréquemment que d'autres, il approche de l'épopée, c'est alors par l'absence même de tout costume, c'est-à-dire en quelque sorte en cessant d'être Arabe pour devenir humain. Devant la demi-nudité d'un gardeur de troupeaux, je rêve assez volontiers de Jacob. J'affirme au contraire qu'avec le *burnouss* saharien ou le *mach'la* de Syrie, on ne représentera jamais que des Bédouins.

Ces réserves admises, s'il m'arrive dorénavant de m'écrier : *O Israël!* tu sauras ce qu'il faut entendre et tu me laisseras dire. Maintenant, je reprends ma route.

Je supprimerais sans regret le bivouac du Rocher de Sel, quoique l'eau prise au delà des salines soit bonne, qu'il y ait du bois en abondance et qu'on y campe agréablement au bord de la rivière *(l'Oued D'jelfa)* et sous de très beaux tamarins.

Un mot pourtant du rocher. C'est un amas de choses étranges, colorées de tous les gris possibles, depuis le gris lilas jusqu'au gris blanchâtre, entassées, superposées et formant une montagne à deux têtes. Il en descend une infinité de petits ruisseaux, d'un blanc laiteux, qui vont se réunir en deux canaux remplis jusqu'aux bords d'un sel exactement semblable à la chaux éteinte. Tout autour, la montagne semble avoir eu des convulsions, tant elle est soulevée, fendue, crevée dans tous les sens. Ce n'est pas beau, c'est formidable. Trois grands aigles volaient à moitié hauteur du rocher et ne paraissaient pas si gros que des corbeaux.

La nuit était presque venue quand, enfin, on atteignit les plateaux nus de *D'jelfa*. La maison du kalifat, vaste corps de logis élevé carrément au-dessus d'une enceinte de murs bas, se montrait confusément à l'extrémité d'une plaine montante, comme une masse grisâtre un peu plus claire que le terrain tout à fait sombre, un peu plus foncée que le ciel encore éclairé d'un vague reflet du jour. A gauche, et fort loin dans un pli de la vallée où brillaient deux petits feux rouges, et d'où venaient de faibles aboiements de chiens, on devinait un douar. Plus près, et comme d'un marais compris entre le douar et le plateau, s'élevaient d'innombrables murmures de grenouilles Tout le reste de cet horizon plat, dominé par le grand bordj solitaire de Si-Cherif, reposait paisiblement dans une ombre transparente et brune. De larges étoiles blanches s'allumaient à tous les coins du ciel; l'air était humide et doux, une forte rosée ramollissait la terre sous le pas des chevaux. Je m'orientai sur un chemin blanchâtre qui menait vers la maison; les cavaliers m'avaient précédé de quelques minutes, et j'avais laissé mon domestique en arrière avec le convoi.

J'arrivai donc seul à la porte du bordj et j'entrai dans la cour sans savoir où me diriger. De chaque côté de l'entrée, porte monumentale, et que je trouvai grande ouverte, j'aperçus des gens, pêle-mêle avec des chevaux, bivouaquant le long du mur; la cour était déserte; elle me parut grande; mon cheval qui flaira des écuries fit entendre un petit hennissement de satisfaction. Au fond de la cour, apparaissait un perron de quelques marches, conduisant à une haute galerie soutenue par des piliers blancs; une porte entrebâillée dans l'angle droit de la galerie laissait filtrer un peu de lumière; une fenêtre à demi éclairée, donnant au rez-de-chaussée sur la cour, permettait d'entendre un bruit de voix.

Je descendis de cheval au pied du perron, et, tout en jetant la bride à quelqu'un que je vis s'approcher dans l'ombre, je me dirigeai du côté de la lumière et j'entrai. Je remarquai que la personne à qui j'avais tendu la bride n'avait pas mis d'empressement à la prendre, et j'aperçus vaguement la forme bizarre d'un tout petit corps surmonté d'un vaste chapeau très pointu. Un incident de la soirée m'apprit l'erreur que j'avais failli commettre en traitant le plus saint homme du bordj comme un valet.

On soupait dans une grande chambre blanche, propre, qui n'avait pour tous meubles qu'une cheminée de marbre noir, de riches tapis du Sud accrochés aux fenêtres et formant portières plutôt que rideaux; et, au milieu, une table ronde, entourée de convives. La cuisine était arabe. Mais la table, joyeusement éclairée de bougies, était servie, à la française, couverte d'une belle nappe blanche et irréprochablement garnie d'argenterie, de vaisselle et de verres, avec quatre carafes remplies de lait doux et quatre autres de limonade. Le kalifat *Si-Chériff*, grand et gras personnage, presque sans barbe, à figure placide, avec des yeux saillants, négligemment vêtu du simple haïk blanc sans burnouss, et le portant en voile, à la manière des marabouts, Si-Chériff présidait la table et se versait des deux mains à la fois, dans le même verre, de la limonade et du lait. Son frère, *Bel-Kassem*, doux jeune homme au visage fatigué, assistait au souper debout et donnant des ordres. La chambre était pleine de serviteurs arabes allant et venant, mais laissant agir un maigre Tunisien, à turban blanc, aux yeux vifs, à la bouche fine, au nez pincé, pâle comme la mort, leste, agile, adroit, avec des mines d'écureuil et des airs de fiévreux, fantastique et précieux valet, qui, seul dans la maison de Si-Chériff, paraît avoir le don de manier la porcelaine et de servir à la française.

Cette grande maison, perdue dans un désert à plus de cinquante lieues de Boghar, à trente-deux lieues environ d'El-Aghouat, une salle à manger remplie d'odeurs de viandes et encombrée de gens portant des plats, cette table servie comme en Europe, autour de laquelle on parlait français, ce personnage en déshabillé de maison occupé gravement à se composer des sorbets doux, voilà donc ce que je vis en arrivant à D'jelfa, chef-lieu des *Ouled-Nayl*. J'étais au cœur de cette immense tribu, commerçante, riche et corrompue, dont le nom posé sur toutes les routes du Sahara résumait pour moi les curiosités du désert. D'ici, et sans sortir de leur territoire, je confinais dans le nord-est à *Bouçaada,* dans l'ouest, presque au *Djebel-Amour*, dans le sud aux k'sours d'El-Aghouat et à l'Oued-D'jedi. Ces valets d'office, que je voyais essuyant des assiettes avec un coin de leur haïk en guise de serviette, avaient porté leurs laines sur les marchés du Sud et pouvaient me parler de tout le Sahara septentrional, depuis *Charef* jusqu'à *Tuggurt*, depuis D'jelfa jusqu'au *M'zab*, jusqu'à *Metlili*, jusqu'à *Ouargla*.

Enfin j'avais sous les yeux, dans la personne de ce grand seigneur débonnaire, un de leurs princes les plus opulents et les plus braves; le plus considérable peut-être par sa fortune, sa naissance, sa haute position politique, et par les antécédents illustres de sa vie militaire. M. N... essayait d'apprendre à Si-Chériff à se servir d'une fourchette et d'un couteau. Le kalifat s'y prêtait avec complaisance, à peu près comme on s'amuse à des jeux d'enfants; il y mettait beaucoup de bonhomie, une extrême maladresse qui m'a bien l'air d'être volontaire, mais n'y compromettait rien de sa dignité.

Vers le milieu du repas apparut un nouveau personnage que je reconnus tout de suite à son chapeau et à la forme si singulière de son individu. C'était bien en effet un tout petit corps ramassé sur lui-même, et qu'on eût dit gonflé; malpropre, difforme, affreux, marchant comme s'il n'eût pas de jambes, la figure étriquée dans son haïk comme dans un serre-tête, coiffé d'un chapeau sans bords, comme d'un énorme cornet. Il avait, autant que j'en pus juger, une profusion de sachets de cuir qui lui pendaient sur la poitrine, et une demi-douzaine de grosses flûtes en roseau lui descendaient du menton jusqu'au ventre et s'y balançaient en faisant du bruit; il portait un bâton noueux dans la main; on ne voyait pas ses pieds, car son burnouss trainait à terre. Personne autre que moi ne semblait faire attention à lui. Il s'avança tout d'une pièce, s'approcha de la table et vint par-dessus l'épaule de Si-Chériff allonger la main dans son assiette. Je me penchai avec inquiétude vers M. N..., qui se mit à sourire; Si-Ch riff ne se détourna pas et cessa seulement de manger. Bel-Kassem vit ma surprise et me dit d'une façon dévote et très grave : *Derviche, marabout,* un fou, c'est-à-dire un saint. Je n'en demandai pas davantage, car je savais la vénération qui s'attache aux fous dans les pays arabes, et je me gardai bien de paraître autrement scandalisé des familiarités que celui-ci se permit jusqu'à la fin du repas. Il ne cessa point de rôder autour de nous, répétant des mots sans suite et demandant avec obstination du tabac. Quoiqu'on lui en eût donné, il en demandait encore, venait à chacun de nous tendre le creux de sa main noire et s'acharnait à répéter le mot tabac, tabac, d'une voix rauque et saccadée comme un aboiement. On l'écartait sans violence; on le calmait en lui faisant signe de se taire; Si-Chériff, toujours impassible, avait la mine sévère et prenait garde évidemment qu'aucun valet n'offensât son protégé. Pourtant, comme il devenait importun, le Tunisien le prit par le bras et l'entraîna doucement vers la porte. Le pauvre insensé s'en alla en criant : *Pourquoi, Mohammed? pourquoi, Mohammed? (Ouach Mohamm... ouach Mohamm...)* Et pendant longtemps on l'entendit parler sous la galerie. Si-Chériff était, je n'en doute point, fort contrarié que nous eussions été témoins de cette scène où nous ne pouvions, comme lui, trouver un sujet d'édification. Je dois dire cependant que pas un de nous ne s'oublia. Et, tout en remarquant une fois de plus comment les Arabes savent détourner le ridicule par l'absence même de ce que nous appelons respect humain, je ne m'étonnai point, mais me sentis jaloux de les trouver si supérieurs à nous, jusqu'au milieu de leurs superstitions. Je me rappelais avoir rencontré un jour un chef de tribu du Sahara de l'Est, rentrant chez lui, suivi d'une escorte assez brillante de cavaliers et menant en croupe un derviche. Ce chef était un jeune homme élégant, fort beau, et mis avec cette recherche un peu féminine particulière aux Sahariens de Constantine. Le derviche, vieillard amaigri et défiguré par l'idiotisme, était nu sous une simple gandoura couleur sang de bœuf, sans coiffure, et balançait au mouvement du cheval sa tête hideuse, surmontée d'une longue touffe de cheveux grisonnants. Il tenait le jeune homme à bras le corps et semblait lui-même, de ses deux talons maigres, conduire la bête embarrassée sous sa double charge. Je saluai le jeune homme en passant; il me dit le bonsoir, et me souhaita les bénédictions du ciel. Le vieillard ne me répondit point, et mit le cheval au trot.

Le derviche de D'jelfa n'a pas d'histoire. J'ignore même son nom. On m'a dit qu'il passe une partie de l'année chez Si-Chériff, tantôt à la zmala, tantôt au bordj. Il n'est point embarrassant; il se nourrit sans qu'on y pourvoie, prenant ce qu'il trouve sous sa main. Il ne couche nulle part, et ni le jour ni la nuit, on ne sait au juste ce qu'il devient. Il passe une partie des nuits à rôder, soit dans la cour ou dans le jardin, soit dans la campagne, quand il se présente la porte fermée. Il a dans son burnouss et dans ses petites gibernes une quantité de chiffons ou de débris recueillis partout. Quelquefois en pleine nuit, on l'entend essayer l'une après l'autre toutes ses flûtes. Le froid ni le soleil ne peuvent rien sur ce corps insouciant qui semble avoir perdu le don de souffrir. Son visage, criblé de rides, ne peut plus vieillir; l'âge le mine insensiblement comme un vieux tronc qui n'a plus de feuilles; la mort le prend par les jambes, pourtant il va toujours, s'asseyant rarement, ne se couchant presque jamais. Un jour il tombera de côté et ne pourra plus se relever; son âme sera allée rejoindre sa raison.

*D'jelfa, même date, cinq heures.*

Nous avons joui d'une journée sans pareille. Je l'ai passée soit à dessiner dans le bivouac, soit à écrire, étendu sous mon pavillon de toile. Ma tente est tournée au midi; car j'aime à l'ouvrir ainsi. Rarement je perds de vue, même à la halte, ce côté mystérieux que le ciel couvre de réverbérations plus vives. Tous mes compagnons sont absents ou à peine éveillés de leur sieste. La journée s'achève dans une paix profonde; et, demeuré seul, je savoure avec délice un vent tiède qui souffle faiblement du sud-est. De la place où je suis couché, j'embrasse à peu près la moitié de l'horizon, depuis la maison de Si-Chériff, d'où je n'entends sortir aucun bruit, jusqu'à l'extrémité opposée où, sur une ligne de terrains pâles, se dessine un groupe de chameaux bruns. Devant moi, j'ai tout notre campement étendu au soleil : chevaux, bagages et tentes; à l'ombre des tentes, quelques gens qui se reposent; ils font cercle, mais ne parlent pas. S'il arrive qu'un ramier passe au-dessus de ma tête, je vois son ombre glisser sur le terrain, tant ce terrain est uni; et j'entends le bruit de ses ailes, tant le silence qui se fait autour de moi est grand. Le silence est un des charmes les plus subtils de ce pays solitaire et vide. Il communique à l'âme un équilibre que tu ne connais pas, toi qui as toujours vécu dans le tumulte; loin de l'accabler, il la dispose aux pensées légères; on croit qu'il représente l'absence du bruit, comme l'obscurité résulte de l'absence de la lumière : c'est une erreur. Si je puis comparer les sensations de l'oreille à celles de la vue, le silence répandu sur les grands espaces est plutôt une sorte de transparence aérienne, qui rend les perceptions plus claires, nous ouvre le monde ignoré des infiniment petits bruits, et nous révèle une étendue d'inexprimables jouissances. Je me pénètre ainsi, par tous mes sens satisfaits, du bonheur de vivre en nomade ; rien ne me manque et toute ma fortune de voyage tient dans deux coffres attachés sur le dos d'un dromadaire. Mon cheval est étendu près de moi sur la terre nue, prêt, si je le voulais, à me conduire au bout du monde ; ma maison suffit à me procurer de l'ombre le jour, un abri la nuit : je la transporte avec moi, et déjà je la considère avec une émotion mêlée de regrets.

La température me paraît encore relativement assez douce et, même avec dix degrés de plus, je la supporterais volontiers, si l'air continuait d'être sec, léger, éminemment respirable, comme il l'est dans ces régions élevées. Jusqu'à présent, le thermomètre n'a pas dépassé 30 et 31° à l'ombre. Aujourd'hui, sous la tente, à deux heures il a atteint le maximum de 32°, et la lumière, d'une incroyable vivacité, mais diffuse, ne me cause ni étonnement ni fatigue. Elle vous baigne également, comme une seconde atmosphère, de flots impalpables. Elle enveloppe et n'aveugle pas. D'ailleurs l'éclat du ciel s'adoucit par des bleus si tendres, la couleur de ces vastes plateaux, couverts d'un petit foin déjà flétri, est si molle, l'ombre elle-même de tout ce qui fait ombre se noie de tant de reflets, que la vue n'éprouve aucune violence, et qu'il faut presque la réflexion pour comprendre à quel point cette lumière est intense.

Peut-être ne sais-tu pas que, depuis notre entrée

dans le Sahara, nous n'avons pas cessé de monter et que nous nous retrouvons à près de huit cents mètres au-dessus du niveau de la mer. Le plateau que nous suivons s'élève en effet insensiblement et détermine ici, par exception, l'écoulement des eaux dans l'est et dans l'ouest, tandis que, partout ailleurs, le partage se fait du sud au nord et du nord au sud. Ce long mouvement du sol, qui prolonge ainsi le climat du Tell à travers le Sahara, presque indépendamment du degré, et qui fait qu'à latitude égale l'hiver, au moins, est plus doux sous le méridien de Constantine que sous celui d'Alger, se produit jusqu'à El-Aghouat et même au delà : El-Aghouat donne encore une hauteur de 600 mètres ; Biskra, au contraire, n'est plus qu'à 73. — Plus avant dans l'est, le Sahara s'abaisse au-dessous du niveau de la mer, et, entre El-Aghouat et Biskra, s'étend le bassin descendant de l'*Oued-Djeddi*, qui vient du Djebel-Amour, arrose les Zibans et va se perdre enfin dans le grand *Chott* de Tunis. — Je désire que cet aperçu suffise à t'expliquer des contradictions de climat dont, à première vue, tu aurais sans doute quelque peine à te rendre compte, et peut-être comprendras-tu maintenant comment, nous trouvant tout à l'heure sous le degré d'El-Kantara, si nous n'y sommes déjà, nous faisons des feux de branches de pins et de chênes, coupées dans la gorge du Rocher de Sel, au bord de l'*Oued D'jelfa*.

Dès aujourd'hui pourtant, nous voilà débarrassés, non seulement de la végétation du nord, mais encore de toute végétation. Elle expire au sommet des collines pierreuses que nous avons derrière nous; et je voudrais que ce fût pour tout à fait; car c'est par la nudité que le Sahara reprend sa véritable physionomie. J'en suis venu à souhaiter qu'il n'y ait pas un arbre dans tout le pays que je vais voir. Aussi ce qui me plaît dans le lieu où nous sommes campés, c'est surtout son aspect stérile. Pour couvrir ces vastes terrains, tantôt frileux, tantôt brûlés, il n'y a qu'un peu d'herbe. Cette herbe, sorte de graminée renouvelée par l'hiver, est courte, rare, et devient grisâtre en se fanant. Elle forme à peine un duvet transparent mêlé de quelques brins cotonneux que l'air agite. On y voit jouer la lumière et vibrer la chaleur comme au-dessus d'un poêle. Aussi loin que la vue peut s'étendre, je n'y découvre pas une seule touffe plus fournie qui dépasse le sabot d'un cheval. La terre a la solidité d'un plancher et se gerce sans être friable. Nos chameaux s'y promènent d'un air découragé, la tête haute, le cou tendu vers un coin plus vert qui se montre assez loin au sud, entre deux mamelons arides. Cette perspective, à peu près riante, qui semble les consoler jusqu'à demain, nous annonce de nouvelles plaines d'alfa. Je distingue nettement, comme un triangle gris posé sur le vert, une de ces petites pyramides de pierre dont je t'ai parlé, et qui servent de point de repère dans le steppe, quand il n'y a ni horizon, ni traces de caravanes pour y diriger la marche.

Cette tache lointaine d'alfa s'aperçoit à peine dans l'ensemble de ce paysage que je ne sais comment peindre, mais dont il faudrait faire un tableau clair, somnolent, flétri. Chose admirable et accablante, la nature détaille et résume tout à la fois. Nous, nous ne pouvons tout au plus que résumer, heureux quand nous le savons faire! Les petits esprits préfèrent le détail. Les maîtres seuls sont d'intelligence avec la nature; ils l'ont tant observée, qu'à leur tour ils la font comprendre. Ils ont appris d'elle ce secret de simplicité, qui est la clef de tant de mystères. Elle leur a fait voir que le but est d'exprimer, et que, pour y arriver, les moyens les plus simples sont les meilleurs. Elle leur a dit que l'idée est légère et demande à être peu vêtue. Ne t'étonne point de tout cela. Depuis ce matin je suis à genoux devant les maîtres, et je crois être tous les jours un peu moins indigne de parler d'eux. Leur souvenir m'accompagne dans ma route. Leurs leçons se sont fait entendre aujourd'hui plus clairement que jamais; et c'est à D'jelfa, sous ma tente, au milieu des Ouled-Nayl, et pendant que je regardais passer sur ces fonds d'une candeur historique de majestueux personnages drapés de noir et de blanc. Devais-je donc venir si loin du Louvre chercher cette importante exhortation de voir les choses par le côté simple, pour en obtenir la forme vraie et grande?

Sept heures.

Tout le jour, quelques minces traînées de vapeur sont restées étendues au-dessus de l'horizon, pareilles à de longs écheveaux de soie blanche. Vers le soir, elles ont fini par se dissoudre et par former un petit nuage doré, unique au milieu de l'azur sans rides et qui s'en va lentement à la dérive, entraîné vers le soleil couchant. Il diminue à mesure qu'il s'en approche, et, comme la voile arrondie d'un navire qu'on voit de loin se rétrécir et s'abattre à l'entrée du port, il ne tardera pas à disparaître dans le rayonnement de l'astre. La chaleur s'apaise, la lumière s'adoucit; elle se retire insensiblement devant la nuit qui s'approche, sans avoir été précédée d'aucune ombre. Jusqu'à la dernière minute du jour, le Sahara demeure en pleine lumière. La nuit vient ici comme un évanouissement.

Il est sept heures. Notre bivouac est maintenant sorti de son immobilité. Il y règne un certain mouvement, toujours paisible, de gens qui allument des feux et préparent le café du soir, pendant que d'autres font leur prière, prosternés la figure au levant; on se rassemble sur des tapis pour prendre le repas; et nos chevaux, à qui l'on vient de donner l'orge, secouent joyeusement le poids du soleil qu'ils ont porté douze heures sans bouger.

La maison de Si-Cheriff seule continue de rester

muette. De l'endroit où je suis, on la dirait inhabitée, si l'on ne voyait un peu de fumée bleuâtre s'élever à l'angle du toit. Cette maison, triste blockhaus, donnée pour citadelle à notre kalifat, est achevée seulement du mois de novembre dernier.

Une inscription, sculptée dans la pierre, au-dessus de la porte d'entrée, m'apprend qu'elle a été bâtie en cinquante jours, sous le gouvernement de M. le général Randon, par la colonne expéditionnaire du général Yusuf. D'autres inscriptions indiquent les divers corps qui ont pris part à cette construction, avec les noms des principaux officiers; quelques-unes pourraient déjà servir d'épitaphes. Le capitaine Bessières, tué glorieusement à l'assaut du 4 décembre, a son nom sur le pavillon qui forme l'angle droit du mur de défense.

Cette habitation est disposée de manière à servir, à la fois, de résidence au kalifat, de caravansérail et de forteresse. La cour d'entrée est vaste; un petit convoi s'y renfermerait au besoin, et elle présente une double ligne de hangars pavés, sous lesquels une centaine de chevaux pourraient s'abriter. Par delà s'étend le jardin, qui n'est encore que tracé. — Au centre de ce carré long, et séparé du jardin par un chemin de ronde, s'élève un corps de logis, composé de deux étages et percé, sur ses quatre faces, de fenêtres malheureusement françaises; il a sa cour intérieure, cour réservée, où l'on ne pénètre pas, et que je n'ai fait qu'entrevoir.

Le rez-de-chaussée est abandonné aux voyageurs. L'appartement privé du kalifat, celui de son cousin et de son jeune frère Bel-Kassem occupent les deux étages; c'est là, je ne sais dans quelle partie du bâtiment, que sont reléguées leurs femmes, avec les servantes.

Quelques fenêtres ont des barreaux; mais il n'en est guère qui n'aient une ou plusieurs vitres cassées : ces nombreux accidents ne surprennent pas, quand on connait l'ingénuité des Arabes à l'endroit de ces choses transparentes. Pour la plupart, ils n'en ont jamais vu; et, sans prévoir l'obstacle, ils passent leur poing au travers. — Si-Cheriff parle seulement des dégâts causés par le vent et s'en plaint, de manière à laisser croire qu'il tient à ses vitres : au fond, en homme de la tente, il s'en inquiète assez peu et laisserait volontiers tout le bordj s'écrouler, si la petite garnison de soldats ouvriers, casernée dans un des pavillons, n'avait aussi pour mission de l'entretenir.

Cette résidence, que l'on a tâché de rendre habitable, est-elle, en effet, du goût de Si-Cheriff? Réussira-t-il à s'y plaire, autant que dans sa tribu? — Il paraît, du moins, se résigner à ce séjour comme à une nécessité politique; n'y venant, du reste, qu'à ses heures, quand il y est mandé, ou qu'il doit y recevoir des hôtes.

Indépendamment de ce domicile officiel, il a un domicile réel dans les pâturages voisins du Rocher de Sel, avec d'immenses troupeaux de moutons, et quelque chose, m'a-t-on dit, comme six mille chameaux. Il se partage entre sa maison de laine et sa maison de pierre, et n'amène ici que ses chevaux, sa suite militaire et sa femme. Je dis *sa* femme, parce qu'on parle d'une madame Si-Cheriff, dont l'histoire, comme tant d'histoires de ce pays, ressemble beaucoup à un roman. Celui-ci, d'ailleurs, après un prologue assez sombre, finit heureusement. Est-ce une indiscrétion que de rapporter ce qu'on raconte? — Cette femme est Espagnole. Un homme, qui a disparu depuis et dont la mort subite n'a jamais été bien expliquée, l'avait conduite, elle et sa sœur, plus jeune qu'elle, à la Deira d'Abd-el-Kader, peu d'années avant la soumission de l'émir. — Elles étaient toutes les deux fort jolies. Abd-el-Kader fit épouser l'aînée à Si-Cheriff, alors son kalifat, bientôt après devenu le nôtre, et la plus jeune au cousin de Si-Cheriff — Toutes deux, elles ont suivi, sous l'alliance française, la nouvelle fortune de leurs maris et n'ont jamais songé à réclamer contre le mariage qui leur fut imposé. Elles ont adopté, non-seulement le costume, mais aussi la langue arabe, au point d'avoir oublié la leur. La femme de Si-Cheriff habite en ce moment le bordj.

J'ai vu ce matin leur enfant, joli petit garçon de quatre ans au plus. Il était à la classe, dans une école fondée par Si-Cheriff et tenue par un taleb, sorte d'instituteur communal que Si-Cheriff paye de ses deniers. L'enfant était pieds nus et n'avait pour tout vêtement, comme ses petits camarades les plus pauvres, qu'une petite soutane blanche on ne peut plus négligée. M. N..., qui est de ses bons amis, lui rapportait en cadeau d'Alger un foulard français, un sabre de bois et une chemise de fine laine. Quant à la sœur de madame Si-Cheriff, on ne la voit jamais à D'jelfa. Elle préfère le séjour de la tente et n'abandonne à personne le soin du ménage nomade ni l'administration des troupeaux. Tout ce que je sais des affaires domestiques de Bel-Kassem, c'est qu'il a deux femmes jeunes et qui passent pour très belles. Il vient, ces jours derniers, d'épouser la seconde. Et j'ai cru comprendre pendant le dîner d'hier, qu'on a plaisanté le jeune marié sur ce qu'il était amaigri depuis son récent mariage, et plus pâle encore que de coutume. Pour moi, je n'ai rien aperçu du harem emprisonné là-haut, derrière ces grillages. J'ai seulement rencontré deux négresses assez laides, mais de belle tournure, qui puisaient de l'eau au puits du jardin, pendant que le pauvre fou se promenait dans les allées sans verdure, et qui le taquinaient en se tordant de rire et en faisant étinceler leurs dents.

Quoique maussade à l'œil au milieu de ce désert saharien, avec sa façade neuve, son toit de tuiles jaunes et sa fâcheuse ressemblance avec une caserne, le bordj, je lui donne ce nom pour l'embellir, éveille l'idée d'une assez grande vie, et rappelle, au moins par moments, les mœurs féodales. Les portes revêtues de fer, restent ouvertes pendant le jour. Un assez grand nombre de chevaux remplit les écuries. On les entend piaffer, hennir; on les voit s'agiter chaque fois qu'un nouveau cavalier se présente à l'entrée de la cour. Chaque arrivant pique droit au perron, s'y arrête court, et met pied à terre. C'est là, dans l'ombre de la galerie, qu'accroupi sur un banc, un chapelet dans ses mains, distrait, le kalifat se laisse embrasser par ses nombreux clients et leur donne audience. On se précipite à l'étouffer, pour baiser sa grosse tête emmaillotée de blanc. Quoiqu'on lui parle debout, quelques familiers sont assis près de lui, et souvent un homme en haillons, le dernier des tribus, se mêle à l'entretien du prince aussi librement que s'il était son favori. Le prestige du rang, énorme chez les Arabes, n'exclut pas une familiarité singulière entre le maître et le serviteur Quant à la distance établie par l'habit, elle n'existe pas. J'ai vu là des types surprenants, des visages de momies à qui l'on aurait mis des yeux de lion. L'audience achevée, le client s'en va, traînant ses longs éperons, reprendre sa bête qui, la bouche baveuse, essoufflée, les flancs saignants, attend, clouée sur place et comme un cheval de bois. Douce et vaillante bête, dès que l'homme a posé la main sur son cou pour empoigner ses crins, son œil s'allume, et l'on voit courir un frisson dans ses jarrets. Une fois en selle et la bride haute, l'homme n'a pas besoin de lui faire sentir l'éperon. Elle secoue la tête un moment, fait résonner le cuivre ou l'argent de son harnais; son cou se renverse en arrière et se renfle en un pli superbe, puis la voilà qui s'enlève, emportant son cavalier avec ses grands mouvements de corps qu'on donne aux statues équestres des Césars victorieux.

D'ailleurs le bordj n'est pas constamment silencieux ou seulement rempli comme aujourd'hui de visiteurs paisibles. A l'exemple des manoirs anciens, il a ses moments d'alarme et ses bruits de fête. Quelquefois c'est le jeune Bel-Kassem, à qui son frère n'a jamais permis de faire la guerre, qui sort en équipage de chasse, escorté de ses lévriers, avec ses fauconniers en habit de fête, ses pages étranges, et portant lui-même un faucon agrafé sur son gantelet de cuir. S'il arrive au contraire que l'ennemi soit signalé ou qu'il y ait par là quelque tribu turbulente à châtier, ce jour-là, c'est Si-Cheriff en personne qu'on voit sortir du bordj avec son appareil de guerre. Le goum est rassemblé devant la porte. Il y a là deux ou trois cents cavaliers groupés confusément autour de l'étendard aux trois couleurs, rouge, vert et jaune; tous en tenue de combat, le haïk en écharpe, le fusil au poing, droits sur la selle, attendant le kalifat qui va paraître. Lui-même est botté, éperonné, mais sans armes. On lui voit seulement à la taille une lourde ceinture pleine de cartouches et traversée de longs pistolets aux pommeaux brillants. Il a près de lui deux serviteurs nègres qui portent, l'un son sabre droit à fourreau sculpté et son long fusil écaillé de nacre, l'autre son chapeau de paille à flots de soie. Il enfourche pesamment sa grande jument blanche, dont la croupe et les pieds sont teints de rose; il rejette son burnouss en arrière, par un beau geste et pour dégager son bras droit, celui qui doit agir au besoin, et, dans tous les cas, commander. Enfin, il donne le signal, entraine son goum, prend la tête avec son fanion, ses écuyers et ses plus fidèles, et, si le danger presse, part au galop du côté de l'endroit menacé.

Tu vois que rien ne manque à la vie du bordj, pour rappeler des mœurs depuis longtemps disparues de notre histoire. Pour moi, je préfère les mœurs de la tente à ce spectacle de chevalerie, si séduisant qu'il soit. Ici, je m'intéresse médiocrement au soldat, beaucoup, au contraire, au voyageur. Devant un pareil pays, dans un cadre de cette grandeur, je ne puis m'empêcher de trouver d'un petit effet la mise en scène un peu théâtrale de cette vie mêlée de chasse, de coups de main, de parade, quelquefois de galanterie; et tout cela, en définitive, me touche moins que la vue d'une pauvre famille errante au milieu d'humbles aventures.

Pourtant je m'estime heureux d'avoir rencontré sur ma route le bordj de D'jelfa. Le peuple arabe est très divers, plus divers qu'on ne le croit. Je le vois aujourd'hui par le côté le plus avancé de sa civilisation; c'est assurément le plus brillant; il a ce mérite, en outre, d'être un des moins observés.

Ham'ra, 1ᵉʳ juin 1853.

On a plié les tentes au petit jour. Malgré l'heure matinale, Si-Cheriff et son frère étaient debout pour recevoir nos adieux, et nous nous sommes mis en route gaiement, comme après une journée entière de repos. Moi seul peut-être je regrettais un peu D'jelfa, où j'avais eu plus de plaisir assurément que personne au milieu de mes contemplations solitaires, et je me détournais pour voir la place abandonnée d'où nos feux jetaient quelques restes de fumée blanche. Même en ce perpétuel changement, il en est ainsi pour tous les lieux que je quitte; je m'y attache vite et n'en oublie aucun, car il me semble que tous ont été passagèrement à moi, bien mieux que les maisons de louage où j'ai vécu. Après des années, le petit espace où j'ai mis ma tente un soir et d'où je suis parti le lendemain m'est présent avec tous ses détails. L'endroit occupé par mon lit, je le vois; il y avait là de l'herbe ou des cailloux, une touffe d'où j'ai vu sortir un lézard, des pierres qui m'empêchaient de dormir. Personne autre que moi peut-être n'y était venu et n'y viendra, et moi-même, aujourd'hui, je ne saurais plus le retrouver.

Nous prîmes la direction de la balise. En moins d'une demi-heure nous l'avions atteinte et nous entrions dans l'alfa. Comme je l'avais prévu, la route s'engageait dans une suite de plateaux verts, tous pareils, de peu d'étendue, se déroulant du nord au sud et se succédant avec la plus triste régularité. De loin en loin, mais de manière qu'il y en a toujours au moins une en vue, la même pyramide grise apparait posée sur le bord de l'horizon. Pendant quatre heures de marche, je n'ai pas aperçu dans aucun sens le plus petit coin qui ne fût vert comme un champ d'oseille. Sous le ciel bleu, et quand on se sait dans le Sahara, cette couleur printanière produit le plus désagréable étonnement. Le contraste est imprévu, mais absolument laid. Je t'ai parlé ailleurs de l'alfa; si j'y reviens, c'est afin de tenir un compte minutieux de mes impressions d'aujourd'hui.

A dix heures, nous faisions halte dans le lit profond d'une rivière. L'été, on se demande où sont les rivières qui ont pu creuser de pareils lits. Il y reste en ce moment une petite source, réduite à rien, mais qui ne tarit pas. Le réservoir n'a pas deux enjambées de large. Elle sort avec un léger bouillonnement du milieu des cressons, puis à quelques pas de là se perd ou plutôt se glisse dans le sable. Je n'avais jamais vu de source ayant un cours si réduit ni plus pressée de disparaître. C'est un avertissement que tous les voyageurs comprennent; j'ai remarqué, en effet, que les bords n'étaient aucunement piétinés, quoiqu'elle serve de rendez-vous aux caravanes dans cette saison. On prit donc exemplairement la provision nécessaire à notre convoi. J'y puisai moi-même avec le plus grand soin, et j'y remplis nos peaux de bouc d'une eau limpide, légère et à peu près fraîche. Surtout on empêcha les chevaux d'y boire. Tout autour, le lit de la rivière est encombré de rochers blancs, calcinés, désorganisés comme de la pierre à chaux qui commence à cuire; leur éclat au soleil est insupportable.

Vers onze heures, la chaleur devint subitement très forte. Le ciel, jusque-là sans nuages, commençait à se tendre de raies blanchâtres, sortes de balayures au tissu transparent, pareilles à d'immenses toiles d'araignée. Le vent se levait et se fixait au sud. Très faible encore tant que nous fûmes abrités, dès que nous remontâmes en plaine, il se fit décidément reconnaître pour du sirocco. Il mit néanmoins plus de deux heures à se déclarer dans toute sa violence. D'abord, ce ne furent que des souffles passagers, tantôt chauds, tantôt presque frais. Je les recevais en plein visage et pouvais avec exactitude en mesurer la température, le mouvement et la durée. Peu à peu, il y eut moins d'intervalle entre les bouffées; je les sentis venir aussi avec plus de régularité, mais toujours intermittentes, saccadées comme la respiration d'un malade accélérée par la fièvre. A mesure que cette haleine étrange arrivait plus fréquente et plus chaude, la terre elle-même s'échauffait; et quoiqu'il n'y eût plus de soleil et que mon ombre marquât à peine sur le sol éclairé d'une lumière morne, j'avais encore sur la tête l'impression d'un soleil ardent. Le ciel était d'une couleur rousse où ne filtrait plus aucune lueur de bleu. L'horizon cessa bientôt d'être visible et prit la noirceur du plomb. Enfin, le souffle devint continu, comme l'exhalaison directe d'un foyer. Alors, la chaleur sembla venir à la fois de partout, du vent, du ciel, et peut-être encore plus forte des entrailles du sol, qui véritablement s'embrasait sous les pieds de mon cheval. Le pauvre animal se lassait à marcher vent debout, mais souffrait surtout de cette flamme qui lui montait au ventre. Quant à moi, sans la fatigue de me maintenir en selle, j'eusse éprouvé un réel bien-être à me sentir enveloppé de cette chaleur qui après tout n'excédait pas mes forces, et toute curiosité de voyageur à part, je n'étais pas fâché, dussé-je même en souffrir, de respirer cet ouragan de sable et de feu qui venait du désert.

J'arrivai de la sorte à Ham'ra sans m'être douté que j'en approchais. Ham'ra est un amas misérable d'une trentaine de masures bâties en pisé, ruinées, croulantes, d'aspect funeste et qu'on dirait abandonnées. On les confond presque avec les rochers jaunâtres dont la haute ceinture enferme entièrement le village du côté du couchant. Au levant s'étendent quelques petits jardins assez vivaces et que je suis étonné de trouver trop verts. Le sirocco s'acharnait après cette pauvre verdure échappée au soleil ; et la poussière qui pleuvait à flots, le jour plombé qui enveloppait tout de sa couleur de cendre, donnaient à ce tableau, déjà si triste, une physionomie violente et pour ainsi dire pleine d'angoisse.

Deux grands gaillards en guenilles, hâves et singulièrement farouches, qu'on dirait les seuls habitants du pays, sont venus nous regarder planter nos tentes, puis se sont retirés à cent pas de là sur une roche plate en forme de dolmen, et depuis lors y sont restés accroupis les yeux fixés sur nous. Presque tous les arbres des jardins sont des abricotiers; j'ai aperçu, en passant à cheval le long des murs bas, un figuier, un grenadier d'une belle venue et quelques vignes grimpantes, mais pas un palmier. J'espérais rencontrer ici celui que j'ai vu indiqué sur la carte du Sud à quelques lieues d'El-Aghouat. C'est sans doute à *Sidi-Makhelouf* que je le trouverai.

Heureusement que des rigoles creusées autour des jardins amènent jusque devant nos tentes une belle eau, bonne au goût et pas encore trop échauffée. Ç'a été en arrivant un grand soulagement.

En ce moment, le vent est plus chaud et souffle plus violemment que jamais. Il a failli renverser ma tente. Bakir et ses compagnons ont été pendant quelques minutes ensevelis sous la leur, et semblaient même avoir pris le parti de ne pas la relever. Nous avons dû doubler les cordes et consolider les piquets. Grâce aux petits murs de clôture qui font abri, on a pu néanmoins allumer du feu pour le souper. Sous ma tente, et pendant que j'écris, j'ai sur les mains la chaleur exacte d'un foyer. Il fait déjà presque nuit, quoiqu'il soit tout au plus six heures. Nos chevaux demeurent immobiles, la tête pendante, la croupe au vent. Les chameaux n'ont pas mangé; à peine déchargés, ils se sont couchés en troupeau serré, le ventre aplati, le cou allongé sur le sable.

Par moment, le pied du vent semble s'éclaircir. L'horizon se dégage, et je découvre entre deux caps de montagnes coupés carrément, et dont l'un, celui de droite, tout à fait noyé, doit être à quinze ou dix-huit lieues d'ici, la ligne insaisissable d'un horizon plat Cette ligne plate me fait rêver. Serait-ce le désert?

Ham'ra, même date, la nuit.

Le vent continue; la chaleur n'a en rien diminué. Vers sept heures, le ciel, un moment auparavant plus clair, s'est rapidement assombri. Cette fois, c'était la nuit. Il n'y a pas une étoile. L'obscurité est absolue. Je distingue à peine un ou deux chevaux blancs attachés à six pas de ma tente. Toutes les lumières et presque tous les feux sont éteints. Une troupe de chacals est venue tout à l'heure hurler si près du bivouac, que je suis sorti dans l'espoir absurde de les tirer. Personne ne dort, mais personne ne remue; et je n'entends pas d'autre bruit que celui du vent dans la toile des tentes et dans les arbres des jardins.

*2 juin 1853, à la halte, dix heures.*

La matinée a été plus calme ; le soleil a reparu dans un ciel riant. Nous avons marché par une petite brise, toujours en plaine et de nouveau dans l'alfa. Nous rencontrons un lit de rivière, où l'on s'arrête ; mais cette fois, pas une goutte d'eau. En prévision de ce qui nous arrive, on avait rempli les outres à Ham'ra. A ce moment, dix heures, le sirocco recommence à souffler avec les mêmes symptômes qu'hier, peut-être encore plus menaçants. Dès son début, il est déjà très incommode et nous couvre de sable. Nous déjeunons, couchés à plat ventre sous des lauriers-roses qui n'ont pas encore de fleurs. Le pain que nous mangeons, avec la liberté seulement d'y joindre un oignon (c'est, en fait de vivres frais, tout ce que nous avons pu nous procurer à Ham'ra), est devenu si dur après dix jours de voyage dans les *tellis*, qu'on a besoin de le ramollir dans l'eau. Il n'y a pas moyen d'allumer du feu, et nous nous passerons de café. D'ailleurs, chacun de nous est impatient d'atteindre le caravansérail de *Sidi-Makhelouf*. Aussi, nos chevaux sont restés bridés, et nos chameaux n'ont fait que déposer deux outres pleines et ont filé en avant. L'intrépidité de nos chameliers est admirable ; singulière race ! par goût, la plus paresseuse de la terre ; quand il le faut, la première pour supporter la fatigue ; gourmande au delà de toute expression, et se passant volontiers de manger comme d'une chose inutile. Allant toujours du même pas, par longues enjambées, avec cette élasticité du genou qui est l'art des grands marcheurs, trottant si les chameaux trottent, quelquefois montant en croupe derrière la charge, mais deux ou trois minutes seulement, et berçant les longs ennuis de la marche par une chanson, toujours la même, languissante et dite à demi-voix, rarement on les voit se traîner d'un air de lassitude; plus rarement encore on les voit manger. Quelquefois, chemin faisant, il y en a qui prennent un peu de *rouina* (farine de blé grillé) dans leur *mezouēd* (sac en peau de chèvre tannée) ou dans le capuchon crasseux de leur burnouss; ils la délayent dans le creux de leur main, la pétrissent en boulette; et cette unique bouchée de farine à l'eau compte ordinairement pour un repas.

Il y a dans notre caravane un petit enfant du M'zab, qui vient de Boghar et retourne dans son pays avec son père, qui est notre bach'amar. Il n'a pas six ans; on le fait voyager à chameau. Une fois perché sur sa haute monture, il y reste tout le jour sans en descendre, les mains cramponnées à un bout de corde, suspendu parmi les bagages aussi insouciamment que dans un nid. Quand je passe auprès de lui, il me fait un signe amical et me crie le bonjour du matin ou le bonsoir. Cependant, l'animal va son train et semble ignorer qu'il a cet être fragile sur le dos. Le soir, on met l'enfant à terre; il court alors dans le bivouac, donne un coup d'œil aux cuisines et s'endort entre deux sacs à pain. Ne va pas croire que ce dur apprentissage de la vie du désert soit nuisible à ces santés vigoureuses. Il est tout rond, avec un ventre énorme et de petits yeux dans une grosse figure, où la couleur du sang s'épanouit sous une forte couche de poussière et de hâle. Il ressemblera à son compatriote Bakir; il aura, s'il continue, le même embonpoint et la même jovialité.

Je m'aperçois, et tout à fait à propos, car c'est luimême qui m'interrompt, que je ne t'ai pas encore parlé de notre compagnon de route *Mohammed-el-Chambi.* Mohammed est le chambi qui a fourni à M. le général Daumas une partie des renseignements obtenus sur le Sahara central, *depuis Metlili jusqu'au Haoussa,* et dans la bouche de qui les auteurs du *Grand Désert* ont mis le récit du voyage. L'intérêt de sa personne est médiocre, et je ne l'aurais pas remarqué sans la célébrité que lui a donnée ce beau livre, la seule Odyssée que nous ayons sur le grand désert. C'est un diable d'homme assez bizarre, grand, sec, à nez crochu, sanglé, botté, coiffé haut, qui se déhanche en marchant avec des airs d'acrobate et une certaine mine de mauvais sujet. On m'apprend que j'aurais pu le voir à Paris l'année dernière, figurant à l'Hippodrome, dans je ne sais quel spectacle arabe, avec les autruches, je crois. On me dit aussi qu'il a du goût pour les bals d'été, et que, pendant une saison, il a été le lion du Château-Rouge. M. N..., qui me raconte ces détails au moment même où je les écris, vient de l'appeler et lui a dit de danser devant nous. Mohammed ne s'est point fait prier; il a jeté de côté ses bottines éperonnées, et, chaussé seulement de ses longs bas de cuir rouge, il s'est mis, nous l'accompagnant d'un air de quadrille, à nous donner une idée de son savoir-faire. C'était souverainement grotesque, et d'une fantaisie difficile à rendre. Ce danseur en tenue de guerrier, ce sauvage battant un entrechat imité de Brididi, je ne sais quoi de ressemblant et de bien saisi qui positivement rappelait la danse défendue et faisait penser aux sublimes mascarades de Gavarni; surtout, le contraste du lieu, le choix singulier du moment, le sable qui l'aveuglait sans l'interrompre, le vent qui faisait voler son haïk, nos Arabes attentifs à le regarder, mais à peine surpris et ne souriant pas, enfin le désert à deux pas de nous, voilà des antithèses que je n'inventerais point, et j'ai rarement éprouvé un plus grand renversement d'idées. D'où vient-il à présent? Où va-t-il? Si, comme je le crois, il retourne à *Metlili,* il pourra parler de mademoiselle Palanquin à la belle *Meçaouda.*

Puisque je reviens incidemment aux figures, encore un mot. La galerie n'est pas complète; il y manque un personnage, le plus muet de la bande, peut-être aussi le seul de tous qui soit charmant. C'est un des serviteurs de M. N... Il s'appelle *Iah'-iah,* joli nom qu'il faut prononcer en deux syllabes bien distinctes, en ayant soin d'insister sur l'*a* final par une légère aspiration. Il est tout jeune, assez grand, mince et d'une indolence absolue dans ses mouvements. Il n'a pas de barbe, à peine une ombre au coin des lèvres; il a le sourire triste, une pâleur d'Indien et de grands yeux sans étincelles formant deux taches sombres dans son visage. Il est vêtu de blanc et très enveloppé, comme une femme. Les bottes de cavalier lui vont mal, et le burnouss lui ôte un peu de sa grâce. Aussitôt descendu de cheval, il se déchausse, déboucle son ceinturon et s'étend. On ne peut pas dire qu'il soit mou, car il se fatigue beaucoup sans se plaindre, ni qu'il soit petit-maître, quoiqu'il aime à se couvrir de musc. Il ne fume point, et c'est lui qui fait nos cigarettes; il ne prend pas de café, et c'est lui qui prépare le meilleur que nous buvions; il est marié, mais ne parle jamais de femmes; il fait régulièrement ses prières, se montre très susceptible à l'endroit de sa religion, ce qui ne l'empêcherait pas de se faire hacher pour M. N... Il se produit peu, sort rarement de la tente et y passe tout le temps de la halte. En marche, il est d'avant-garde avec son maître. C'est lui qui porte la gibecière de peau de lynx et le fusil. Il manie modestement sa petite jument maigre, la tenant toujours au pas qu'il faut pour être aux ordres de M. N... On s'est essayé à la cible, et personne n'a tiré mieux que lui. On me dit que c'est un fils de grande tente des environs de Boghar. Il a quitté sa femme pour suivre M. N... dans le Sud; et maintenant il mourrait, dit-il, de chagrin, s'il devait renoncer à le suivre. On va toutefois le remarier à El-Aghouat, afin de rendre son exil volontaire plus doux.

Iah'-iah voyage en compagnie de deux amis, comme lui de bonne famille, et mis avec recherche, mais qui sont loin de le valoir. Le plus jeune, quoique Saharien, a l'allure espiègle des enfants de Paris. Il se nomme *Makhelouf*, comme le marabout qui a baptisé l'endroit où nous coucherons ce soir; et, pardonne à ces plaisanteries de bivouac, nous ne l'appelons que saint Maclou, ou communément M. Maclou. Il conduit, à son grand dépit, un de nos mulets de cantine, et, malgré l'infériorité de sa bête, ce qu'il obtient d'elle est incroyable; il l'estropierait plutôt que de rester dans le convoi. Il dit qu'il est de naissance à monter mieux qu'un mulet, et réclame le droit de marcher en ligne avec les cavaliers; on lui a promis qu'il aurait un cheval pour faire son entrée à El-Aghouat.

Aux yeux des Arabes, un bon cheval fait la supériorité d'un homme. A défaut d'autre signe, il n'est rien qui vous procure autant d'estime; car leur respect ne s'attache qu'à ce qui est chez eux la marque convenue du rang, de la fortune ou du commandement; et venir après les autres, c'est faire présumer qu'on suit un maître. Ils font peu de cas de nos valets, et cependant ils consentent à se mettre à nos gages. Au reste, ils se vengent de leur propre servitude par le mépris qu'ils ont de la domesticité dans autrui. Leur plaisir, quand ils sont en service, est de se faire servir eux-mêmes par un plus pauvre ; ils n'y mettent ni oppression, ni dureté, mais c'est une sorte de sujétion mutuelle qui relève la dignité de chacun dans ce peuple d'esclaves, et leur fait tour à tour connaître les douceurs de l'autorité. Tel est le trait le plus apparent de ces caractères composés de ruse et de vanité. Leur docilité n'est que feinte ; il faut se défier de leur bonhomie, et surtout utiliser pour notre propre influence ces petits moyens de se faire valoir. Quant à moi, je sais bien que je me déconsidère en négligeant de les employer.

Je voudrais que tu visses notre fastueux *Ali*, son frère *Brahim* et le *Sidi-Embareck*, trois de nos valets, toujours en conflits de service et en perpétuelle émulation d'importance.

Sidi-Embareck balance entre ses deux épaules, et sans jamais s'en servir, un énorme chapeau recouvert d'une toison noire d'autruche mâle. Ali trouve préférable de porter immuablement le sien sur sa tête. Déjà d'une taille peu ordinaire, il aime à se grandir encore par cette coiffure colossale, qui lui donne environ huit pieds de haut, et fait qu'entre ses jambes le plus grand cheval devient un criquet. Sidi-Embareck a son équipage de guerre au complet : fusil, pistolets, yatagan passé sous la sangle, longue *djebira* en tissu de laine, à franges ornées de nœuds. Ali voyage vêtu à la légère, comme si quelqu'un portait pour lui tout son attirail, avec une simple veste amarante, chamarrée d'or, et fort belle encore, quoique fanée, un haïk un peu troué, mais très fin, les pieds nus dans des souliers arabes de cuir verni. Sa djebira, la plus vaste et la plus ornée de toutes, traîne à terre. J'ai cru lui voir un diamant au petit doigt. Ce qu'il y a de plaisant, c'est qu'ils se ressemblent, quoi qu'ils fassent pour se rendre si différents. Ils ont tous deux le nez retroussé, le menton sans barbe, les dents blanches, mais trop grandes, et de gros yeux insolents. De plus, on les dit aussi paresseux l'un que l'autre, également vantards, gourmands, peu délicats, avec un même penchant pour le vin. Et c'est une égale illusion que de compter sur Sidi-Embareck ou sur Ali pour un service, pour une aide ou pour un secours utile. Le cheval d'Ali se trouvant malade depuis hier, il s'est agi de le remplacer; mais c'était à qui ne céderait pas le sien, et, en bonne conscience, on ne pouvait y forcer personne. J'ai donc eu pendant quelques lieues le spectacle lamentable d'Ali relégué parmi les bagages et se traînant sur le plus chétif et le moins envié de nos mulets. Sidi-Embareck profita de ce moment pour exciter sa jument noire et faire à lui seul autant d'effet que tout le monde. Heureusement pour Ali qu'il y avait là son frère Brahim.

Brahim, personnage modeste, corps amaigri, figure souffreteuse, a des airs cauteleux, vicieux et sournois. Brahim était à cheval, Ali lui persuada de faire un échange; et depuis ce matin Ali mène au galop un maigre animal qui semblait mort entre les mains de Brahim, et Brahim attend sur son mulet l'occasion bien douteuse de le céder à son tour contre un cheval.

Je m'amuse à des portraits. Ai-je tort? Je ne les choisis pas, je les copie, et je m'étonne moi-même de les trouver si loin de l'idéal qu'on rêve, et si divers; d'abord, on n'aperçoit que la variété des costumes; elle séduit et fait oublier l'homme; puis, on s'arrête aux traits caractéristiques de la race, et, pour empêcher de la confondre avec une autre, on donne à tous les individus la même parenté de tournure, d'élégance et de beauté banales. Ce n'est que plus tard que l'homme enfin apparaît sous les traits de l'Arabe et montre qu'il a, comme nous, ses passions, ses difformités, ses ridicules. Me trompé-je donc en introduisant la vie commune sous ces traits demeurés vagues et jusqu'à présent mal définis? N'est-il pas temps de sortir du bas-relief, d'envisager ces gens-là de face, et de reconstruire surtout des figures pensantes? Et cependant, outre le laid, qui est toujours à éviter, n'y a-t-il pas à craindre le petit? Ce n'est pas moi qui réussirai dans ce que j'essaye; mais je ne puis laisser à la réalité qui pose devant moi la splendeur inanimée des statues.

Sidi-Makhelouf, 2 juin 1853.

Même temps qu'hier; même vent, si c'est possible, encore plus déchaîné. Il était temps d'arriver; hommes et bêtes, nous étions à bout de nos forces. On a déchargé les bagages comme on a pu, jetant tout, arrachant les sangles, car les chameaux étaient exaspérés et ne voulaient plus rien entendre.

Le caravansérail est bâti sur un plateau de roches et de sable, au bord du ravin où sont les sources. Il y a cinq palmiers espacés dans la longueur du ravin; leur tête apparaît de loin par-dessus la ligne de la plaine. Trois ont poussé de la même souche; ils sont échevelés, à moitié morts, tout jaunes. Le vent, qui fait un bruit d'enfer dans leurs bouquets de palmes, les rebrousse entièrement comme un parapluie retourné. Ils sont horribles et se détachent en lueurs livides sur le fond du ciel tout à fait noir. A gauche du caravansérail, au delà, près des trois palmiers, se trouve le marabout. Il est blanc, carré, avec une corne à chaque angle, et, au lieu d'être couvert en kouba, il se termine en pain de sucre. Au pied, on aperçoit une multitude de tombes serrées, accumulées, empiétant les unes sur les autres; la foule des morts s'y presse; c'est à qui dormira le plus près du saint. On vient s'y faire enterrer des environs, de fort loin, le lieu lui-même étant un désert; et je pense avec effroi que mes os pourraient être là. A l'opposé du marabout, il n'y a que des pierres, des pierres au fond du ravin; l'autre côté se relève encore par des pierres blanches, et l'horizon se termine par un mur dentelé de rochers, interrompu vers le milieu. A droite, la montagne entrevue d'Ham'ra prend des formes colossales, et d'ici représente un énorme bloc d'acier sali. Je n'ai fait qu'entrevoir tout cela à l'arrivée, le vent et le sable m'empêchant, à la lettre, d'ouvrir les yeux.

On a tout entassé, bagages et harnais, devant la porte du caravansérail. On y a laissé quelques Arabes seulement pour gardiens; les autres sont descendus au ravin, où probablement on n'essayera pas de dresser les tentes. Quant à nous, nous avons pris pour cette nuit nos logements dans le *fondouk*.

Y sommes-nous plus abrités qu'en plein air? Ce serait à essayer, si je l'osais. Le caravansérail est formé d'une cour immense entre quatre murs. Sur deux faces, une galerie couverte pour les chevaux; aux quatre angles, une chambre pour les voyageurs. Je n'ai pas choisi la mienne et ne suis pas tombé sur la moins exposée au vent. Ces chambres n'ont qu'une porte, sans fenêtres, et pas de fermeture à la porte. Le vent qui s'y engouffre y pousse incessamment des flots de poussière. J'ai essayé vainement d'y clouer une couverture; dans tous les cas, la précaution serait inutile, et je me résigne à voir le sable s'amasser sur mes cantines, sur mes cartons, et se répandre sur toute ma personne, comme si j'étais menacé d'être enseveli vivant.

Sidi-Makhelouf est, me dit-on, rempli de scorpions, et surtout de ces vipères redoutables que les Arabes appellent *lefaa*. On m'a recommandé de ne m'asseoir qu'avec prudence et de visiter ma chambre avant de m'y endormir.

Ali vient d'arriver, portant sur son dos une selle et un harnais de cheval. Il a tué la jument de Brahim et l'a laissée morte à une demi-lieue d'ici; on l'accuse de l'avoir fait crever de fatigue ou de l'avoir assommée de coups. Il s'en défend, et raconte qu'il allait au plus petit pas, la ménageant à cause du vent, quand la bête a manqué sous lui, et s'est laissée tomber de côté. Il a voulu la relever, puis la dessangler, elle ne bougeait plus; elle avait les yeux ouverts, mais la langue pendante, et le sang lui coulait de la bouche. Il ne l'a quittée qu'une heure après, quand elle était froide. Son opinion, c'est que le *cheli* (sirocco) l'a étouffée. Son cheval est hors d'état de le porter. Comment fera-t-il demain? A moins qu'il ne dérange encore Brahim, et que Brahim n'aille à pied.

A la halte, 3 juin 1853, neuf heures.

Nous approchons. Dans cinq heures nous verrons El-Aghouat. Il me paraît étrange qu'à huit lieues d'ici se trouve une grande ville, sans voisinage avec aucune autre, perdue dans ce désert comme un îlot; un centre où l'on vit pourtant, aussi simplement qu'ailleurs, sans se douter de l'effet qu'on produit à distance, ni de la curiosité qu'on inspire. Nos villes de France se tiennent toutes; elles se donnent presque la main par leurs faubourgs; elles correspondent par leurs villages; on va de l'une à l'autre par des routes ouvertes, par des campagnes peuplées; il n'y a point de surprise à les découvrir. Ici, on se croirait en mer; voilà soixante-quinze lieues que nous faisons sans route tracée et sans rencontrer un point habité.

Nous sommes arrêtés sur un terrain plat, parmi des alfas desséchés et des broussailles épineuses. Nous descendons de cheval, transis de froid et les mains engourdies; le vent a sauté cette nuit du sud au nord; ce n'est plus du sirocco, c'est du mistral. Malgré la force du soleil déjà haut, on souffre comme par une matinée de mars. Les premiers arrivés ont mis le feu aux broussailles; le vent l'a propagé sur une étendue de plus de cent mètres. L'incendie s'éteindra de lui-même faute d'aliments, ou quand le vent ne soufflera plus.

Nous avons à gauche un mur fuyant de collines rougeâtres; à droite, un mur parallèle, plus élevé, régulièrement dentelé. Il n'y a pas trace de végétation ni d'un côté, ni de l'autre. La vallée qui s'engage entre les deux murailles peut avoir une lieue de large; elle est accidentée, coupée de brusques ravines, quoique unie en apparence, d'abord clairsemée de broussailles, elle ne tarde pas à se dépouiller, et peu à peu quitte sa couleur verdâtre, pour revêtir la couleur rose et dorée des montagnes.

El-Aghouat, 3 juin au soir.

Regarde bien cette fois d'où j'écris ces notes. Commence, si tu le veux, par te réjouir de me savoir au terme; mais fais comme moi, reprends la route de Sidi-Makhelouf où nous l'avons quittée ce matin, et laisse-toi conduire à petits pas jusqu'à l'entrée du désert. C'est une émotion qui perdrait à n'être pas attendue. Il manquerait quelque chose à mon arrivée dans ce pays surprenant, si je supprimais la lenteur et la fatigue extrême des dernières lieues.

J'ignore le nom de la montagne que j'avais à ma gauche; celle de droite s'appelle le *Djebel-Milah*. Elle s'enfonce directement dans l'ouest, sans inflexion, et d'autant plus morne qu'à l'heure où je l'ai vue sous le soleil déjà haut, ses flancs entièrement nus n'avaient pas une ombre. Elle se découpe régulièrement en larges dents de scie. Chaque saillie se compose d'une superposition de couches obliques, et présente au sommet un bloc indépendant du reste, mais également posé de côté. Cette architecture bizarre se répète d'un bout à l'autre avec la plus exacte symétrie. Il est remarquable, d'ailleurs, que toutes les montagnes et tous les rochers que j'ai rencontrés depuis ce matin sont construits de cette façon, comme si le même soulèvement en eût renversé les assises et les eût toutes inclinées dans le même sens.

Jamais montagne ne m'avait paru si longue; il y avait trois heures que je marchais devant elle sans avoir l'air d'avancer; et, bien que son extrémité ne me semblât pas éloignée, je n'avais pas encore atteint le quart de son étendue. Le vent, presque tombé, laissait au soleil toute sa force; le terrain se desséchait; l'air, de froid qu'il avait été le matin, commençait à devenir brûlant. Devant moi, la vallée se prolongeait indéfiniment et se terminait sur le ciel sans qu'il y eût place pour une ville; je savais en outre qu'El-Aghouat était bâti sur des rochers, et d'ailleurs la vallée courant dans l'ouest, c'était à ma gauche et non devant moi que je devais l'apercevoir. Tous les cavaliers avaient pris le devant, et depuis plus d'une heure je les avais perdus de vue dans la brume ardente de l'horizon, et j'avais cessé d'entendre les coups de fusil qui m'annonçaient les joyeuses mousqueteries de l'arrivée. J'avais pour tout compagnon mon domestique, harassé de chaleur, et qui ne s'occupait même plus de savoir de quel côté nous devions avancer.

Pourtant, je rejoignis un petit convoi de chameaux chargés de grains. Le convoi prit à gauche et se mit à monter parmi des mamelons de sable jaune. J'abandonnai donc la vallée pour le suivre. Je sentais qu'El-Aghouat était là, et qu'il ne me restait que quelques pas à faire pour le découvrir. Je n'avais plus autour de moi que du sable; il y avait des pas nombreux et des traces toutes récentes imprimées à l'endroit où nous marchions. Le ciel était d'un bleu de cobalt pur; l'éclat de ce paysage stérile et enflammé le rendait encore plus extraordinaire. Enfin, le terrain s'abaissa, et devant moi, mais fort loin encore, je vis apparaître, au-dessus d'une plaine frappée de lumière, d'abord un monticule isolé de rochers blancs, avec une multitude de points obscurs, figurant en noir violet les contours supérieurs d'une ville armée de tours; au bas s'alignait un fourré d'un vert froid, compact, légèrement hérissé comme la surface barbue d'un champ d'épis. Une barre violette, et qui me parut sombre, se montrait à gauche, presque au niveau de la ville, reparaissait à droite, toujours aussi roide, et fermait l'horizon. Cette barre tranchait crûment sur un fond de ciel couleur d'argent mat, et ressemblait, moins le ton, à une mer sans limites. Dans l'intervalle qui me séparait encore de la ville, il y avait une étendue sablonneuse, et quelque chose d'un gris plus bleuâtre, comme le lit abandonné d'une rivière aussi large que deux fois la Seine. On y voyait, par places, aux deux bords, des taches vertes ayant l'air de joncs. Tout à fait sur le devant, un homme de notre escorte, à cheval, penché sur sa selle, attendait au repos le convoi laissé fort loin en arrière; le cheval avait la tête basse et ne remuait pas.

Voilà trait pour trait et nettement ce que je vis. Plus

tard, cela me fera rêver, et peut-être mon souvenir adoucira-t-il les couleurs trop crues de ce tableau. Aujourd'hui je reproduis, sans rien y changer, ce qui s'est imprimé de soi-même et comme un portrait dans mon esprit. Je n'éprouvai aucun éblouissement ; j'eus le temps de m'affermir un peu l'âme afin d'embrasser tout ce tableau d'un coup d'œil sûr, qui demeurât fidèle, et de m'en emparer pour toujours. Lentement, j'envisageai cette ville noirâtre, cet horizon plat, cette solitude embrasée, ce cavalier blanc sur un cheval blanc, ce ciel sans nuages ; puis mon œil, pourtant fatigué de lumière, tomba sur la petite ombre brune marquée entre les pieds du cheval et s'y arrêta. Je me souvins d'avoir, il y a quatre ans, pour la première fois, aperçu le désert, le soir, et sous un éclat devenu doux. Cette fois, j'arrivais, comme je l'avais souhaité, à l'heure sans ombre ; il était un peu plus de midi.

Nous sortimes des dunes pour entrer dans ce qui ressemblait au lit d'une rivière, obliquant, à tout hasard, dans le sens de la ville et nous dirigeant sur l'angle nord-est des jardins. Nous avancions avec peine dans une terre sablonneuse, écrasés sous un ciel de plomb. A mesure que nous approchions, l'oasis se développait sur la droite, les aigrettes vertes des palmiers devenaient plus distinctes, et nous découvrions un second monticule, comme le premier, couvert de maisons noires ; — on n'y voyait pas de tours ; —

entre les deux, un monument blanc; plus à droite, un troisième amas de rochers roses surmontés d'un marabout; plus à droite encore, une sorte de pyramide escarpée, plus élevée et plus rose que tout le reste; dans les intervalles, continuait d'apparaître la ligne violette du désert. Telle est la vue complète d'El-Aghouat du côté du nord; la première était plutôt une vision; celle-ci, plus étendue et dont je crois ne rien omettre, je te la donne pour une vue. Le point d'où je l'ai prise s'appelle *Rass-el-Aïoun* (tête des sources). C'est l'endroit où prend sa source l'*Oued-Lekier*, seul ruisseau qui arrose El-Aghouat.

A petite distance des jardins, nous vîmes venir à nous un cavalier en habit français, chaussé de bottes à l'écuyère. Me voyant en retard et me jugeant embarrassé de la route à suivre, il arrivait au galop pour me souhaiter la bienvenue et m'introduire dans la ville.

Ce fut donc avec M. C..., officier au bataillon turc, mon guide obligeant, que j'achevai de tourner les jardins. La première chose dont nous parlâmes fut le siège. Je venais de reconnaître en passant les traces d'un grand bivouac; on pouvait parfaitement distinguer la place des tentes et l'endroit noirci par les cuisines; il y avait là d'énormes amas de cendre et des restes de bûches à moitié brûlées; de longues lignes piétinées, portant des trous de piquets, des souillures et des débris de litières indiquaient le bivouac de la cavalerie; M. C... m'apprit que c'était le camp du général Pélissier, et me montra, sur la rive gauche de l'*Oued-Lekier,* en face du premier, le camp de la division Yusuf. Devant nous s'ouvrait une vaste étendue sablonneuse; c'était là qu'avait eu lieu la belle affaire de cavalerie du 21 novembre. Puis il me parla du combat meurtrier du 3 décembre, de l'assaut du 4 et de la lutte sanglante qui suivit la prise. Il me parla de nos pertes et de celles de l'ennemi; il me prévint que je sentirais peut-être une odeur fétide dans la ville et que je lui trouverais un air d'abandon. Il fit le calcul des morts; lui-même avait présidé à leur enfouissement dans les puits. Nos propres morts n'avaient guère été mieux enterrés, faute de pioche pour creuser plus profondément. Chaque jour, tant ils étaient peu couverts, on en trouvait à la surface du sol que les chiens avaient exhumés pendant la nuit. Il fallait s'attendre à marcher sur des débris et à voir partout pointer des ossements. Tout à l'heure, en venant, il avait trouvé le corps entier et tout habillé d'un zouave; il me mena le voir. Le pauvre soldat avait les bras étendus, la tête renversée de côté, soulevé par un peu de sable, en manière d'oreiller; le haut du corps à l'état de squelette était momifié; il conservait son pantalon rouge, et le bas de ses jambes, engagé dans le sable, montrait des lambeaux de guêtres; on eût dit qu'il allait achever de sortir de terre, comme on se représente une résurrection. Un peu plus loin, il y avait une tête réduite à la sécheresse d'un caillou; et sur toute notre route on voyait par-ci par-là des os blanchis.

Les sables nous menèrent jusqu'à la porte de l'Est, par où nous entrâmes enfin dans la ville.

## II

### EL-AGHOUAT

3 juin 1853, au soir.

Presque toutes les villes arabes, surtout celles du Sud, sont précédées de cimetières. Ce sont ordinairement de grands espaces vides, en dehors des portes, où l'on remarque seulement une multitude de petites pierres rangées dans un certain ordre, et où tout le monde passe aussi indifféremment que dans un chemin. La seule différence ici, c'est qu'au lieu d'un champ de repos, je trouvais un champ de bataille; et ce que je venais de voir, ce que je venais d'entendre, je ne sais quoi de menaçant dans le silence et dans l'air de cette ville noire et muette sous le soleil, quelque chose enfin que je devinais dès l'abord, m'avertissait que j'entrais dans une ville à moitié morte, et de mort violente.

Le côté de l'est n'a pas visiblement souffert. Les murs extérieurs ont à peine reçu quelques boulets, toute l'attaque ayant porté du côté opposé. Quant à la porte, qui n'a pas été canonnée, elle conserve ses lourds battants raccommodés avec du fer, son immense serrure de bois et ses arcs-boutants en troncs de palmiers. Elle est pratiquée dans l'épaisseur d'une tour massive et percée de meurtrières. De loin, on dirait un trou carré et noir, inscrit dans la façade lumineuse de la tour, et inscrivant lui-même un petit carré de lumière; c'est le commencement d'une rue qui se montre à travers la porte. Le porche a dix pas de long; des enfoncements ménagés de chaque côté dans la largeur de la tour, avec une double rangée de banquettes, en font une sorte de vestibule garni de sièges, ou pour mieux dire, de lits. Ce vestibule, au besoin, se transforme en corps de garde.

Une sentinelle du bataillon turc, en veste bleue et turban blanc, s'y tenait dans l'ombre, affaissée et son fusil entre les jambes. Quatre autres soldats de garde dormaient sur les bancs de pierre, un bras passé sous la tête. Au bruit de nos chevaux la sentinelle se leva pesamment et salua. Les autres firent à peine un mouvement de corps pour prouver qu'ils étaient présents.

Au delà de la porte on voyait fuir un étroit corridor, entre des murs gris, presque noirs, sans fenêtres, percés, en guise de portes, de trous carrés, encadrés de chaux; en bas, un pavé blanc, étincelant comme de l'acier, avec un imperceptible filet d'ombre sur le côté droit de la rue; au-dessus, le ciel d'un bleu sombre; aucun passant, personne aux portes, un silence aussi pesant que la chaleur.

— Voici El-Aghouât à midi, me dit M. N..., en me montrant le corps de garde et la rue.

La plupart des portes étaient fermées; quelques-unes, où je remarquai des trous de balles et des marques de baïonnettes, semblaient l'être, comme on dit en France, après décès. Celles qui, par hasard, se trouvaient ouvertes, donnaient sur des antichambres privées de jour ou sur des cours ressemblant à des écuries. J'aperçus des hommes dormant sous le porche obscur de ces maisons pleines de souvenirs redoutables.

La rue s'enfonçait, avec de légers détours, dans la profondeur de la ville, et sur un pavé raboteux, inégal et dallé de roches. La roche, presque partout à fleur de terre, avait la sonorité et l'éclat du marbre. A droite et à gauche s'ouvraient des ruelles se faisant suite, celles de gauche remontant vers le sommet de la ville et s'arrêtant contre un mur continu de calcaires blancs, celles de droite encadrant à leur extrémité une échappée de vue plus riante sur les cimes vertes de l'oasis. En face de nous, au fond de cette étroite avenue frappée d'aplomb par le soleil perpendiculaire, je voyais monter en s'étageant toute la partie occidentale de la ville, comme un amas de bâtisses grisâtres. En avant, se détachaient deux constructions blanches. Une ou deux aigrettes de palmiers pointaient au-dessus des terrasses; et, quoique privés de mouvement, car il n'y avait plus un souffle dans l'air, quoique éclairés par le sommet et ne présentant qu'une silhouette obscure, ces minces bouquets de palmes, épanouis dans l'air bleu, rappelaient du moins quelque chose des gaietés de l'Orient.

La rue était si étroite que nos deux chevaux ne pouvaient pas toujours y marcher de front. M. N... me précédait, me montrant du bout de sa cravache les portes trouées, les murs lézardés, les maisons vides.

Un peu plus loin, nous passâmes devant des boutiques et devant des cafés ; des toiles tendues au-dessus de la rue y formaient de l'ombre. Là, se trouvait une assemblée de fumeurs, accroupis sur des bancs garnis de nattes, pendant que les cafetiers arrosaient le devant de leurs portes. La compagnie, rassemblée dans ce petit espace, où semblait s'être réfugiée toute l'animation de la ville, se composait de spahis, de cavaliers du *Makhzen*, et de quelques Arabes vêtus de blanc, dont on semblait fêter le retour.

Je reconnus quelques-uns de mes compagnons de voyage, entre autres Ali, Embareck et le petit Maklouf. Celui-ci prenait son café tout botté, éperonné, avec un air viril que je ne lui connaissais pas ; quant aux deux valets, ils étaient en habits frais et installés sur leurs talons devant un jeu de dames.

M. N... me conduisit droit à la maison du commandant. Elle est située sur une place fort irrégulière, à l'angle de laquelle coule un ruisseau, servant d'un côté de fontaine et de l'autre d'abreuvoir. A l'entrée de la place, s'élève un palmier gigantesque, droit comme un mât.

Au centre, sommeillait paisiblement un troupeau de chameaux jaunâtres. Autour, et dans les endroits où l'ombre commençait à se montrer, on voyait, allongée contre le pied des murs, la forme enveloppée d'Arabes endormis. Une vieille femme en haillons, chargée d'une outre, une petite fille à peine vêtue, tenant une écuelle et coiffée d'un entonnoir en tissu de palmes, filaient devant moi au grand soleil, frappant la terre de leurs talons nus et laissant dans la poussière une trace humide.

Le soleil était dévorant; le cuir de mes fontes me brûlait les mains, et de toutes parts régnait le plus grand silence. La garnison faisait la sieste, enfermée par consigne dans ses casernes, jusqu'à la diane de deux heures.

— Voici la maison du commandant, me dit M. N..., en me montrant une sorte de bâtisse carrée à façade multicolore; et probablement la vôtre, ajouta-t-il, en m'indiquant une haute façade de terre grise avec deux ouvertures tendues de toile.

A droite de cette maison, une pièce de canon était adossée au mur et braquée sur le centre de la place.

4 juin 1853.

Je suis installé depuis hier deux heures dans la *Maison des hôtes*; je dirais que mes habitudes y sont prises, si je n'avais à peu près gardé celles du bivouac.

J'ai, dans mes antécédents de voyage, le souvenir de séjours assez étranges ; depuis les nids à scorpions de *Bouchagroun*, jusqu'au *Dar Dief* de *T'olga*, où j'eus pour camarades de chambre une jeune autruche et une antilope ; cependant, j'en suis encore à m'étonner de l'indigence et du dénûment grandiose de ce logis. Sache, au surplus, qu'il vient d'être réparé pour recevoir les étrangers de distinction, et qu'il est question d'y établir le bureau arabe.

— Je suis très content, me dit obligeamment M. N... en m'y introduisant, parce qu'au moins vous aurez un des meilleurs logements d'El-Aghouat.

J'y trouvai une troupe de balayeurs arabes en train de préparer les chambres, c'est-à-dire de précipiter de la terrasse dans la cour, et de la cour dans la rue, une masse extraordinaire de fumier, de paille sèche et de poussière.

La maison se compose d'une cour, avec quatre compartiments au rez-de-chaussée, dont l'un sert d'écurie ; à l'étage, de deux chambres et de deux réduits à peu près en ruine, où se sont logés mes deux domestiques ; car j'ai pris un domestique arabe qui me servira d'interprète, de guide et de valet de chambre, l'autre n'ayant pas trop de tout son temps pour les chevaux ; je ne parle pas d'une galerie à trois fenêtres, que j'abandonne en toute jouissance aux souris et aux lézards.

Quant à l'état des lieux, imagine des murs élevés,

couleur de suie, troués en vingt endroits de brèches béantes; et, comme si ce n'était pas assez de tant d'issues, toutes les portes grandes ouvertes, depuis la rue jusqu'à ma chambre; en sorte que je suis un peu moins bien gardé chez moi que sur la voie publique. Dans la cour, au pied d'un palmier, un coin plus enfumé que tout le reste marque la place des cuisines; nous y avons trouvé un amas de cendres, refroidies depuis le 4 décembre, et quatre pierres calcinées formant fourneau. Le feu n'a pu encore entamer le vieil arbre; il pousse droit le long du mur et couvre à moitié ce petit préau sinistre d'un large éventail de feuilles jaunies. Un escalier de vingt-cinq marches conduit à l'étage; très élevé, très raide, sans rampe, il est tellement étroit, si endommagé, si singulièrement construit, que j'ai dû positivement l'apprendre par cœur afin de pouvoir, la nuit, l'escalader sans danger. Je pourrais t'indiquer de mémoire les deux marches qui manquent; te dire que la cinquième est cassée en deux du côté de la cour et n'offre plus qu'un point d'appui des plus scabreux, que la vingtième et la vingt-troisième sont deux fois plus hautes que les autres, qu'enfin on ne peut, sur toute sa longueur, y poser que le bout du pied quand on monte, et le talon quand on descend. Dans la chambre des domestiques, une moitié seulement du plafond, et de même une moitié de plancher; ces deux trous, ouverts sur la tête et sous les pieds, se correspondent. Est-ce un obus qui a traversé le tout à la fois? Que s'est-il passé il y a six mois à cette même place où j'écris? Les maisons arabes ont tant de cicatrices, qu'on ne peut reconnaître, et ici moins qu'ailleurs, si c'est le temps, la négligence ou la main d'un ennemi qui les a faites.

Enfin, une chambre, petite, à murs blancs, avec son plancher de terre battue, qui se change en boue, quand pour abattre la poussière j'y fais répandre un bidon d'eau; une fenêtre fermée par une toile d'emballage tendue sur châssis; une porte masquée par une couverture de cheval clouée au mur; puis, ma sangle sur mes deux cantines; le burnouss qui me sert à la fois de couverture et de matelas; une musette bourrée d'orge, en guise d'oreiller; tout ainsi que sous la tente : telle est à peu près, cher ami, avec son mobilier de peintre et de voyageur, la résidence où je suis convenu, vis-à-vis de moi-même, d'attendre d'un cœur ferme les fortes chaleurs de l'été.

Avec tant soit peu d'industrie, j'aurais pu me procurer plus d'aise, et surtout m'enfermer davantage; mais à quoi bon? La sûreté de ma personne est ce qui m'occupe le moins; j'ai peine à supposer que mon maigre bagage fasse envie à qui que ce soit; et, en attendant que leur utilité me soit démontrée, mes pistolets ne sortiront pas de leur fourreau de serge. Somme toute, et malgré le regret que me cause le séjour infiniment plus gai de la tente, j'éprouve toujours le même soulagement d'esprit à me sentir à ce point dénué de tout, sans être en réalité privé de rien.

Dès le soir, je me suis hissé sur la terrasse pour assister au coucher du soleil et reconnaître en même temps le voisinage.

De ce point élevé, et me tournant de manière à regarder le nord, j'avais à mes pieds la place, avec la maison du commandant en face de moi, la fontaine et le lavoir; par-dessus se déployait l'oasis. Derrière l'oasis, mais bien au delà, j'embrassais trois rangs successifs de collines; le premier, marbré de bronze et d'or; le second, lilas; le troisième, couleur d'améthyste, courant ensemble horizontalement, presque sans échancrure, depuis le nord-ouest, où le soleil plongeait, jusqu'au nord-est. La plus rapprochée de ces collines est le prolongement des dunes de Rass-el-Aïoun, et je voyais, dans un pli de sable étincelant, le lit grisâtre de l'Oued-M'zi, par où j'avais débouché le matin; la seconde s'appelle, je crois, le Djebel-Milah; et je la reconnus pour la montagne interminable que j'avais longée pendant une partie de l'étape; la dernière enfin, très éloignée, s'appelle d'un nom que j'aime à entendre et qui la peint, *Djebel-Lazrag* (Montagnes-Bleues).

A droite, se développait toute la partie orientale de la ville, sur le plan relevé des rochers, sous la forme d'une pyramide à peu près régulière et de couleur fauve, dont le sommet est représenté par la tour de l'est. A gauche, la vue est masquée par les maisons de la place. Par le sud, enfin, je confine aux premiers jardins, et en me tournant je voyais commencer au bord de ma terrasse, pour ne plus finir, un taillis de dattiers superposé à des masses confuses de feuillages.

La maison du commandant, qui tranche au milieu des autres constructions arabes par la symétrie presque européenne de ses fenêtres et le badigeonnage de sa façade, était un bain maure que le dernier kalifat, Ben-Salem, avait fait construire, peu d'années avant sa mort, par des ouvriers italiens. A côté, je remarquai une construction basse, écrasée, autrefois peinte en blanc, percée d'ouvertures allongées et surmontée d'une mince croix de fer : c'est une ancienne mosquée transformée en église. Un peu plus à gauche, et sur la terrasse d'une informe masure en pisé, se promenait une figure en robe noire, avec quelque chose de large et de noir sur la tête; cette demeure est le presbytère, et ce petit personnage obscur, dont la vue d'abord me surprit, c'est le curé.

Le spectacle de la place était animé, et me rappelait, avec un certain mélange de costumes et quelques nouveautés dans les bruits, le mouvement d'une garnison française, dans cet encadrement singulièrement africain. Des chevaux de cavalerie vinrent boire au ruisseau, pêle-mêle avec des ânes, des chameaux et de maigres juments arabes menées par des palefreniers en guenilles ; la fontaine au delà était peuplée de toutes sortes de figures remplissant toutes sortes de vases, bidons, gamelles, outres noires, tonneaux. Des sonneries militaires se faisaient entendre à tous les coins de la ville.

Le crépuscule dura peu ; des lueurs orangées irradièrent un moment le couchant au-dessus des montagnes plus sombres. Puis tout se décolora. Un insensible brouillard s'éleva du sol, remonta le long des dattiers et se répandit sur les cimes, qui devinrent d'un vert froid ; et la nuit tomba presque subitement.

Je voulus passer cette soirée-là seul et chez moi ; et, quand la nuit fut tout à fait venue, je regagnai ma chambre. Il y faisait chaud ; mon thermomètre se soutenait à trente et un degrés. Le ciel était magnifique ; jamais je n'avais vu tant d'étoiles, ni d'aussi grandes ; j'eus de la peine à retrouver la grande Ourse au milieu de cette multitude de feux presque égaux et de même éclat. J'entendis mon domestique ramener les chevaux, les entraver ; puis, un pas lourd et un pas plus leste montèrent ensemble l'escalier de pierre. — « Bonne nuit, monsieur, me dit M... en passant devant ma chambre. — Que ta nuit soit bonne, Sidi, » me dit Ahmet. Et je n'entendis plus rien dans ma maison.

Le vent se leva ; les palmiers faisaient le bruit de la mer, bruit qu'accompagnaient quelques aboiements de chiens fort éloignés et d'innombrables murmures de griffons et de grenouilles; à chaque instant la couverture étendue devant ma porte se soulevait, comme si quelqu'un voulait entrer.

Vers dix heures, un clairon de cavalerie vint sous mes fenêtres sonner le couvre-feu. C'est un air lent et doux, finissant par une note aiguë destinée à se faire entendre de loin.

— Allons, me dis-je, je ne suis pas tout à fait hors de France!

Le musicien répéta l'air une seconde fois, en y introduisant à la reprise des modulations d'un goût bizarre; et, pendant quelques minutes, il s'y complut, comme s'il eût joué pour son plaisir.

J'étais étendu sur ma sangle, la bougie allumée, regardant autour de moi mon attirail de route, les murs blancs, le plafond noir et toute l'étrange nouveauté de ce séjour; je me levai; j'aperçus, par les crevasses du mur, une étincelle rouge au fond de la chambre d'Ahmet : c'était l'Arabe qui fumait en attendant le sommeil.

Puis le clairon se tut. D'autres clairons lui répondirent aux extrémités de la ville, plus faibles ou plus distincts; peu à peu ces notes légères du cuivre se dispersèrent une à une, et je n'entendis plus que le bruit des palmes. Alors, me sentant comme une faiblesse au cœur et comme une envie épouvantable de m'attendrir, je soufflai ma bougie, me roulai sur ma sangle, et me dis :

— Eh bien! quoi? ne suis-je pas au lit? chez moi? et ne vais-je pas dormir?

Malheureusement, je ne dormis pas, car j'étais brisé de fatigue, et il y avait avec moi, dans la *Maison des hôtes,* des hôtes sur lesquels je ne comptais pas.

Juin 1853.

Aujourd'hui, dans la matinée, je me suis laissé conduire au marabout de *Sidi-El-Hadj-Aïca,* théâtre du combat du 3 décembre; et, pour en finir tout de suite, avec une histoire étrangère à mes idées de voyage, je te dirai, aussi brièvement que possible, ce que j'ai vu, c'est-à-dire, les traces de la bataille et les lieux qui ont été témoins du siège.

El-Aghouat se développe, de l'est à l'ouest, sur trois collines, sorte d'arête rocheuse, isolée, entre une plaine au nord et le désert sans limite au sud. La pente nord de la ville est entièrement couverte de maisons; celle du sud, plus escarpée, quelquefois à pic, n'est bâtie que de distance en distance et présente, à l'une de ses extrémités, un revers caillouteux; à l'autre, une longue dune de sable jaune.

Les deux sommets extrêmes étaient, au moment du siège, armés chacun d'une tour et de remparts. L'éminence intermédiaire est couronnée par une vaste construction de maçonnerie solide, blanche, sans aucune fenêtre extérieure, aujourd'hui l'hôpital, autrefois la demeure du kalifat Ben-Salem, et nommée *Dar-Sfah*, *maison du rocher*, à cause de l'énorme piédestal de rochers bruts sur lequel ce palais-forteresse est planté avec assez d'audace.

Le Dar-Sfah partage la ville en deux parties à peu près égales, et sépare, ou plutôt commande à la fois deux quartiers jadis ennemis : à l'est, les *Hallaf;* à l'ouest, les *Ouled-Serrin;* ces deux quartiers, qui ont eu chacun ses chefs, son gouvernement, ses intérêts à part, n'ont cessé de se battre que le jour où le Dar-Sfah les a réunis sous l'autorité d'un pouvoir central.

Le mur de séparation existe encore ainsi qu'une porte, de tournure égyptienne, qui s'ouvrait ou se fermait, suivant l'état de paix ou de guerre où vivaient ces deux petites républiques jalouses et toujours prêtes à se fusiller par-dessus leur mur mitoyen.

La tradition de ces querelles, qui peut-être ont duré trois siècles, est, tu l'imagines, à demi fabuleuse, et représente en quelque sorte la mythologie d'El-Aghouat.

Ce que j'en connais à peu près, c'est que l'on continua de se mitrailler d'un quartier à l'autre, de la tour des Serrin à la tour des Halaff, jusqu'en 1828, époque où le parti d'*Achmet-Ben-Salem*, le dernier kalifat, massacra un *Lakdar*, chef des Ouled-Serrin, et resta maître de la ville. — Dix ans plus tard, en 1838, la lutte recommença. A cette époque, de grands événements se passaient dans le Sud ; Abd-el-Kader canonnait depuis neuf mois Aïn-Madhy, que défendait Tedjini, le marabout, le héros des K'sours de l'Ouest. Les Ben-Salem ayant pris parti pour Tedjini, Abd-el-Kader se mêle alors à la querelle et fait appuyer, par ses lieutenants, les Ouled-Serrin dépossédés. — Enfin, les nomades interviennent à leur tour, et les belliqueux voisins des L'Aghouati, les *L'Arba,* fournissent des contingents, tantôt à l'un, tantôt à l'autre des deux partis, parfois aux deux ensemble.

Alors, se succède une série de coups de main tentés par les Ben-Salem, tentés par les kalifats de l'émir, et chacun se terminant par un massacre et par des fuites à bride abattue vers le Sud. D'abord, c'est Ben-Salem qui se sauve chez les Beni-Mzab, laissant El-Aghouat aux mains d'un marabout, El-Arbi ; plus tard, c'est ce même El-Arbi, un chef réintégré des Serrin, qui quitte la place à son tour et qu'on voit, à quatre lieues de là, s'enfermer dans le petit k'sar d'El-Assafia, avec trois cents fantassins, seul reste de l'armée d'invasion que lui avait confiée l'émir. Puis, des escarmouches sans nombre, et, finalement, sous les murs de la ville, trois batailles rangées, livrées coup sur coup, dont la dernière, perdue pour le compte de l'émir, achève de ruiner sa cause, déjà compromise devant Aïn-Madhy, coûte la vie à El-Arbi, et assure définitivement le pouvoir dans la famille des Ben-Salem.

Enfin, en 1844, Achmet demande au gouvernement

français l'investiture d'El-Aghouat, et obtient la confirmation du titre de kalifat.

Jusque-là tout s'était passé à cent quinze lieues de nous et sans nous. Pour la première fois, nous apparaissons, aussitôt après l'appel qui nous est fait; et ce fut à cette époque qu'on vit arriver du Nord, par ce petit passage que tu connais maintenant, l'avant-garde d'une colonne française.

Vers le commencement du siècle dernier, peut-être avant, car je ne réponds d'aucune date dans cette histoire, un marabout du nom de *Si-el-Hadj-Aïca*, exaspéré contre ses concitoyens par je ne sais quelle grave offense faite à Dieu, une danse autour d'un veau d'or quelconque, leur avait dit :

« Or, écoutez : je vous condamne à vous entre-dévorer comme des lions forcés d'habiter la même cage, jusqu'au jour où les chrétiens (je crois même qu'il a dit les Français), ces dompteurs de lions, viendront vous prendre tous ensemble et vous museler. »

En 1844, le vieux prophète enterré là, à la place où je te mène et sous le marabout qui porte son nom, n'entendit que des fanfares, et d'un peu loin, car l'armée campa, regarda la ville et repartit. En 1852, il devait cette fois entendre le canon, et de près, car on prit son marabout pour batterie, et l'affût d'un canon français posa sur sa tombe.

Entre ces deux époques, il se passa des faits que j'ignore. Ben-Salem mourut, un de ses fils prit sa place; nous eûmes un agent près de lui, par le fait, une sorte de régent. Un jour, on apprit que Ben-Salem, l'agent français et toute la chancellerie s'étaient sauvés presque sans chemise à D'jelfa, et que notre ennemi, le scheriff d'Ouaregla, occupait la ville. Mais précisément une colonne partie de Medeah était en train de construire à Djelfa la maison de commandement dont je t'ai parlé. On ne prit que le temps d'achever ce travail, et l'on marcha sur El-Aghouat. Vingt jours plus tard, une autre colonne arrivait d'El-Biod, celle-ci par un défilé du nord-ouest; presque aussitôt le siège commença. Dans l'intervalle de ces deux arrivées, le 21 novembre, avait eu lieu le combat de cavalerie, dont j'ai vu les traces et le magnifique emplacement.

Outre ses deux tours, plus habituées à se menacer que prêtes à la défendre contre l'extérieur, la ville avait, en cas de siège, une enceinte rectangulaire, crénelée, percée de meurtrières. De plus, elle est protégée sur chaque flanc par toute l'épaisseur des jardins; enfin la tour de l'est domine de haut la plaine et le désert, sans être commandée par rien.

La tour de l'ouest, au contraire, celle des Serrin, est commandée par le marabout de Hadj-Aïca; car ce marabout couronne un quatrième mamelon faisant suite aux trois premiers occupés par la ville, à une petite portée de fusil du rempart, au niveau des fortifications supérieures, et forme ainsi, pour me résumer, le quatrième angle saillant de la même arête, dont la tour des Serrin, le Dar-Sfah et la tour des Hallaff forment successivement les trois autres.

Voilà comment, cher ami, la sépulture de ce saint homme devint, sans qu'il l'eût prévu, le théâtre d'un combat terrible, et comment, en annonçant une catastrophe, il avait oublié de dire qu'il aurait la douleur d'y contribuer.

D'abord, et pendant un long jour ensanglanté, le marabout fut pris et repris. C'était le point faible; il fut énergiquement défendu. Le mamelon, sans être escarpé, est roide à monter, surtout hérissé de gros cailloux, de volume à cacher aisément un homme. On l'aborda par le sud; tout le sommet, toute la pente opposée étaient garnis de combattants, couchés à plat ventre, ajustant entre les pierres et tirant à coup sûr. Il fallut viser à chaque pierre, puis monter quand même; par moments se battre corps à corps. C'est un genre de guerre qui plaît aux Arabes; et depuis Zaatcha, jamais ils ne l'avaient pratiqué avec plus de fureur, ni avec un succès plus long. Ce ne fut qu'à la troisième tentative qu'on put enfin garder le marabout, le hérisser de feux, tirer en plongeant sur tout le revers du nord et faire évacuer cette formidable redoute.

Une fois maître du terrain, on creva le marabout, on y poussa une pièce d'artillerie, on fit une embrasure en perçant le mur qui regarde la ville, et la pièce, une fois mise en batterie dans le ventre de ce petit monument qui n'a pas quatre mètres carrés, ouvrit son feu contre la tour de l'est. Un petit mur élevé à la hâte servait d'épaulement.

La ville alors se garnit de fusils, couvrit à son tour de balles ce petit point blanc, au centre duquel on voyait un trou noir d'où sortait régulièrement, sans relâche, un boulet dans un flocon de fumée, et cribla tout le plateau, intrépidement gardé, malgré d'énormes pertes. Ce fut le moment le plus meurtrier pour nous.

L'assaut ne nous coûta que peu de monde; il n'y eut pas de résistance dans les jardins; et quant à la lutte qui se prolongea dans la ville et se répéta de maison en maison, elle fut désespérée de la part des Arabes, mais courte, et terrible seulement pour eux. Sur les deux mille et quelques cents cadavres qu'on releva les jours suivants, plus des deux tiers furent trouvés dans la ville. La guerre des rues est atroce, et l'homme y devient fou, soit qu'il se défende ou qu'il attaque.

Il était à peu près huit heures quand, après avoir longé le Dar-Sfah, tourné par le sud les anciens murs des Serrin, nous arrivâmes au sommet de ce petit plateau, rayonnant au soleil du matin et tout couleur de rose. Il n'y avait personne, personne aux environs, et nous en montions doucement les pentes, le lieutenant N... me parlant du siège, et moi l'écoutant.

Il n'y a pas une pierre qui ne soit labourée de plusieurs balles et marquée de bleu comme une plaque de tir. Le plus grand nombre est effleuré par le bord, car ce n'était pas à la pierre qu'on tirait, mais à quelque chose, tête ou corps, qui débordait par un côté. Le marabout a reçu trois boulets lancés de la ville : l'un a écorné un des angles; un autre a fait sauter un éclat de plâtre de la kouba, le troisième l'a frappé en plein, à six pieds à peu près du sol, et l'a traversé de part en part. J'oubliais de te dire que ce marabout est un petit cube de plâtre autrefois blanc, devenu jaune, avec une kouba conique et une saillie dentelée à chaque angle.

L'intérieur était assez curieusement peint et enjolivé de légendes arabes. Nos soldats en ont balafré les murs à coups de couteau, et l'on y voit plusieurs fois répétée la liste des officiers tués et blessés ce jour-là. Une de ces listes entre autres, datée du 3 *décembre*, m'a paru curieuse; elle est écrite de mains différentes et conçue de manière à faire croire que c'était un registre où l'on inscrivait le nom de nos soldats, à mesure qu'ils tombaient; il y a une barre au-dessous, peut-être faite à la nuit, et quand la liste de la journée s'est trouvée complète. A côté, et pour ainsi dire au verso de ce livre de compte mortuaire, on lit : *4 décembre;* puis, plus bas, et comme pour indiquer qu'il y eut quelque relâche dans les coups reçus, tout à coup, en gros caractères : GÉNÉRAL BOUSKAREN.

— Tenez, me dit le lieutenant en se plaçant en face du trou qui servit d'embrasure au canon, et dans la position d'un pointeur à sa pièce, c'est ici que le pauvre Millot a reçu le coup. Qui diable aurait dit cela? A travers ce trou, juste une balle au front! C'est une chance! Pour tous les autres, ajouta-t-il, c'était prévu. Qu'en dites-vous?

Et il me montrait à la fois le rempart et la place où nous étions absolument à découvert et formant cible.

— Ici, continua-t-il, c'est le commandant Morand; ici, ce brave Frantz, un brave ami; ici, Bessières. Et je vis sur une pierre plate : *Capitaine Bessières, 1ᵉʳ zouaves, telle compagnie, tel bataillon, 3 décembre*. Là, sur la pente, à l'endroit où il n'y a plus de pierres, c'est le général Bouskaren. Il descendait en courant avec sa colonne d'assaut et se retournait pour crier : « En avant. »

Le champ de bataille est si étroit, qu'il n'y a pas un pied carré de cette terre, vraiment à nous, car elle nous a coûté cher, qui n'ait recueilli quelques gouttes d'un sang regrettable.

Nous restâmes longtemps assis au pied du marabout, appuyés contre l'embrasure, noire de poudre, dominant la ville, les jardins à droite et à gauche, au delà, l'immense perspective du désert prise à revers par le soleil montant. Il n'y a plus qu'une tour, celle de l'est. Sur le bastion démantelé, puis rasé, des

Ouled-Serrin, commence à s'élever une citadelle française. On entendait piocher, tailler, scier des pierres, ou tinter contre le roc sonore la pique des mineurs, et des files de petits ânes, chargés de moellons, trottaient sur l'emplacement de la brèche.

Vers dix heures, la mine a joué. Un premier roulement de tambour ayant dispersé les travailleurs, la place demeura vide. Quelques minutes après, un second avertissement se fit entendre, et, presque aussitôt, fut suivi de cinq ou six explosions, pareilles à des décharges de grosse artillerie; en même temps, un nombre égal de décharges moins retentissantes éclata du côté de la tour de l'est, qu'on s'occupe aussi de démolir. Aucun écho ne les répéta; chaque détonation résonna sèchement dans l'air rare et pur du matin et s'indiqua seulement, avant de se faire entendre, par une légère secousse imprimée au sol. De longues gerbes de fumée, mêlées de poussière et de pierres, firent éruption dans le ciel bleu; puis, arrivée à sa limite d'impulsion, la fumée se roula sur elle-même, et la masse confuse des projectiles redescendit comme une pluie de mitraille, tandis que quelques éclats plus lourds continuaient de monter à perte de vue, pour aller, par une immense parabole, s'abattre en sifflant aux deux pentes de la ville. Le vent, qui s'empara de la fumée, la poussa vers le sud-ouest; bientôt il n'y eut plus dans le ciel parfaitement pur que d'imperceptibles rousseurs, et le silence retomba lui-même de tout son poids sur cette solitude un moment troublée.

La brèche étant fermée, il nous fallut rentrer par *Bab-el-Gharbi* (porte de l'ouest) et remonter en dedans du rempart pour visiter le petit cimetière où sont déposés côte à côte les officiers tués pendant le siège ou morts depuis de leurs blessures. En attendant le monument qu'on doit leur élever, ils sont enfermés dans un petit carré de terre entouré d'une simple banquette. Aucune inscription n'indique encore les noms de ces morts réunis là, sans distinction de grade, et par un droit égal à d'unanimes regrets. Ils reposent sur la brèche, entre le poudrière et le rempart, à l'endroit d'où la mort est partie pour les atteindre, et si près de celui où ils sont tombés, qu'il n'y a pas entre les deux, je te l'ai dit, la portée d'une balle.

A présent, venez dans la ville, me dit le lieutenant en m'entraînant dans la rue qui fait suite à *Bab-el-Gharbi*. Autant vaut en avoir le cœur net tout de suite.

Nous suivions à peu près le chemin tracé par les balles et les baïonnettes de nos soldats. Chaque maison témoignait d'une lutte acharnée. C'était bien pis que vers la porte de l'est. On sentait que le courant était entré par ici et n'avait fait que se répandre ensuite jusque là-bas.

— Tout cela n'est rien, me dit le lieutenant, Dieu merci, vous ne connaîtrez jamais chose pareille!

Ce que le lieutenant ne me dit pas, je le savais. On marchait dans le sang; il y avait là des cadavres par centaines; les cadavres empêchaient de passer.

Vers le milieu de la rue que nous suivions, on rencontre deux voûtes, à cinquante pas l'une de l'autre; elles sont longues, obscures, juste assez hautes pour donner passage à un chameau. « Sous la seconde voûte, me disait le lieutenant, l'encombrement était plus grand que partout ailleurs; ce fut l'endroit qu'on déblaya d'abord. Toute la couche des morts enlevée, on trouva dessous un nègre superbe, à moitié nu, décoiffé, couché sur un cheval, et qui tenait encore à la main un fusil cassé dont il s'était servi comme d'une massue. Il était tellement criblé de balles qu'on l'aurait dit fusillé par jugement. On l'avait vu sur la brèche un des derniers; il avait battu en retraite pied à pied et ne lâchant pas, le pauvre diable! comme s'il avait eu sa femme et ses enfants sur ses talons pour lui dire de tenir bon. A la fin, n'en pouvant plus, il avait sauté sur un cheval, et il fuyait avec l'idée de sortir par *Bab-el-Chergui,* quand il donna dans une compagnie tout entière qui débouchait au pas de course, faisant jonction avec les compagnies d'assaut. La bête, aussi mutilée que l'homme, était tombée sous lui et barrait la route. Ce fut un commencement de barricade. Une demi-heure après, la barricade était plus haute qu'un homme debout. »

Ce ne fut que deux jours après qu'on s'occupa de

l'inhumation; tu sais comment. On se servit des cordes à fourrages, de la longe des chevaux, les hommes s'y attelèrent, il fallait à tout prix se débarrasser des morts; on les empila comme on put, où l'on put, surtout dans les puits. Un seul, près duquel on m'a fait passer, en reçut deux cent cinquante-six, sans compter les animaux et le reste. On dit que pendant longtemps la ville sentit la mort; et je ne suis pas bien sûr que l'odeur ait entièrement disparu. Au surplus, rassure-toi; la Providence a fait ce pays-ci très sain; en cas d'orage, il y aurait, dit-on, à craindre l'infiltration des eaux de pluie; mais, à le supposer réel, c'est un danger que l'extrême sécheresse diminue de jour en jour et rendra bientôt tout à fait imaginaire.

— Tenez, me dit le lieutenant en s'arrêtant devant une maison de la plus pauvre apparence, habitée par une famille juive, voilà une méchante masure que je voudrais bien voir par terre.

Et chemin faisant, il me raconta l'histoire suivante en quelques mots brefs, empreints d'un triste retour sur les hasards cruels de la guerre.

Dans cette maison qui, depuis la prise de la ville, a changé de maîtres, habitaient deux *Nayliettes* fort jolies. Pendant le séjour qu'une colonne expéditionnaire fit sous les murs d'El-Aghouat, quelques mois avant le siège, le lieutenant N... avait pu pénétrer dans la ville; il avait avec lui un sergent de sa compagnie; un L'Aghouati, qui leur servait de guide, les mena chez ces deux femmes, qui les reçurent alors tout autrement qu'en ennemis. L'une se nommait Fatma, l'autre M'riem. Le lieutenant et son compagnon d'aventures gardèrent de cette visite nocturne un souvenir également tendre, et sortirent d'El-Aghouat en se disant : Si jamais nous y revenons, voilà une connaissance toute faite.

Le 4, au moment de l'assaut, le lieutenant s'était rappelé les Nayliettes. Il était d'une compagnie d'attaque, et entra, par conséquent, un des premiers dans la ville. D'abord, il fit son devoir, dirigea ses hommes et ne s'occupa que de les entraîner; mais, au bout d'un instant, il comprit que ce qui lui restait de mieux à faire, c'était de les contenir. Chacun d'ailleurs donnant pour son propre compte, il se trouva bientôt presque seul avec son sergent. L'idée leur vint alors, en même temps, de courir à la maison de Fatma. Ils eurent de la peine à la reconnaître; les coups de fusil pleuvaient dans les rues; on se battait jusqu'au cœur de la ville. Ils arrivèrent pourtant, mais trop tard.

Un soldat, debout devant la porte, rechargeait précipitamment son fusil; la baïonnette était rouge jusqu'à la garde; le sang s'égouttait dans le canon. Deux autres soldats sortaient en courant et fourraient dans leurs képis un mouchoir et des bijoux de femmes.
— « Le mal est fait, mon lieutenant, dit le sergent, entrons-nous tout de même? » Ils entrèrent.

Les deux pauvres filles étaient étendues sans mouvement, l'une sur le pavé de la cour, l'autre au bas de l'escalier, d'où elle avait roulé la tête en bas. Fatma était morte ; M'riem expirait. L'une et l'autre n'avaient plus ni turban, ni pendants d'oreilles, ni anneaux aux pieds, ni épingles de haïk ; elles étaient presque déshabillées, et leurs vêtements ne tenaient plus que par la ceinture autour de leurs hanches mises à nu.

— Les malheureuses ! dit le lieutenant.

— Les s.. voleurs ! dit le sergent, qui remarqua, le premier, que les bijoux manquaient.

Ils trouvèrent dans la cour un fourneau allumé, un plat tout préparé de kouskoussou, un fuseau chargé de laine et un petit coffre vide dont on avait arraché les charnières. Au-dessus des deux femmes, la tête et les bras pendants en dehors de la terrasse, on voyait le corps d'un homme qui venait d'être atteint au moment de fuir et dont la résistance avait, sans doute, provoqué ce massacre. M'riem, en expirant, laissa tomber de sa main un bouton d'uniforme arraché à son meurtrier.

— Le voici, me dit le lieutenant ; et il me le fit passer sous les yeux.

Connaissant le lieutenant, je ne fus pas surpris qu'il attachât plus d'un sens à ce souvenir.

Quand on eut enfoui tous les morts, il ne resta presque plus personne dans la ville, excepté les douze cents hommes de garnison. Tous les survivants avaient pris la fuite et s'étaient répandus dans le Sud. Le schériff, échappé on ne sait comment, ne s'évada que dans la nuit qui suivit la prise, et, tout blessé qu'on le disait, après l'avoir dit mort, il ne fit qu'une traite d'El-Aghouat à Ouaregla. Femmes, enfants, tout le monde s'était expatrié. Les chiens eux-mêmes, épouvantés, privés de leurs maîtres, émigrèrent en masse et ne sont pas revenus. Ce fut donc pendant quelque temps une solitude terrible, et bien plus menaçante que ne l'eût été le voisinage d'une population hostile et difficile à contenir. Dès le premier soir, des nuées de corbeaux et de vautours arrivèrent on ne sait d'où, car il n'en avait pas paru un seul avant la bataille. Pendant un mois, ils volèrent sur la ville comme au-dessus d'un charnier, en si grand nombre, qu'il fallut organiser des chasses pour écarter ces hôtes incommodes. Ils s'en allèrent enfin d'eux-mêmes. Mais toute cette mousqueterie succédant aux canonnades du siège avait si bien détruit la tranquillité des jardins, que les pigeons des palmiers, — il y en avait des milliers, — finirent aussi par s'exiler; de sorte que la même solitude s'étendit jusque dans l'oasis. Aujourd'hui, la chasse ayant été défendue, les tourterelles sont revenues presque en aussi grand nombre. Quelques vautours solitaires étaient demeurés au milieu de cette panique générale, et n'ont pas cessé d'habiter les hauteurs de l'est, comme pour attendre une curée nouvelle.

La ville se repeuple aussi, mais lentement. A mesure qu'ils rentrent, les Beni-l'Aghouat sont confinés dans les bas quartiers. Ils y font peu de bruit et y tiennent aussi peu de place que possible. Toutes les propriétés confisquées ont été provisoirement mises sous le séquestre. Quant à cet immense butin : tapis, armes, bijoux, le tout, il faut l'avouer, plus abondant que précieux, on peut dire qu'il n'en reste plus rien dans El-Aghouat, pas même entre les mains des vainqueurs. Toutes les maisons sont vides, depuis la plus pauvre jusqu'à la plus riche : on dirait une ville entièrement déménagée.

— Eh bien ! en conscience, ces gens-là ne sont pas méchants, disait le lieutenant en me montrant quelques groupes d'individus qui se levaient sur notre passage et nous disaient presque affectueusement bonjour. On les a mis dans l'impossibilité de bouger, mais non de nuire. Avez-vous vu les rues hier soir ! En France, on les appellerait des coupe-gorge. Après cela, chez nous on se venge tout de suite, ou l'on oublie ; la différence ici, c'est qu'on ne sait jamais le temps que peut durer une forte rancune. A les voir, on les dirait incapables de se souvenir ; et je ne jurerais pas que le jour venu de régler leurs comptes, ils n'auraient pas le plus grand plaisir à me remplir le ventre de cailloux, ou à m'écorcher vivant, pour faire un tambour avec ma peau. En attendant : — Dieu l'avait écrit, Si-el-Hadj-Aïca l'avait annoncé.

Juin 1853.

Comme toutes les villes du désert, El-Aghouat est bâti sur un plan simple, qui consiste à diminuer l'espace au profit de l'ombre. C'est un composé de ruelles, de corridors, d'impasses, de fondouks entourés d'arcades. Au milieu de ce réseau de passages étranglés, où l'on a eu soin de multiplier les angles et de briser les lignes afin de laisser encore moins de chances au soleil, il n'y a pour vraies voies de circulation que deux rues directes : l'une au nord, l'autre au sud.

La première, la seule dont j'aie à parler, prend à *Bab-el-Chergui* et aboutit à *Bab-el-Gharbi*; traversant ainsi la ville dans sa longueur, de l'est à l'ouest, à mi-côte à peu près de la colline, de manière à séparer la haute ville de la basse, en réunissant les deux quartiers. Elle est étroite, raboteuse, glissante, pavée de blanc, et flamboyante à midi. Il faut avoir l'aplomb des cavaliers arabes pour y lancer un cheval au galop; et, quand on y rencontre par malheur un convoi de chameaux, on doit alors, ou rebrousser chemin, ou se glisser comme on peut entre les jambes des animaux, ou attendre sous les portes que le convoi ait achevé de défiler; ce qui dure quelquefois une heure, pour peu qu'il y ait une trentaine de bêtes, chargées large et venant des tribus. On reconnaît en effet à leur allure les chameaux qui n'ont jamais vu de villes. Ils regardent avec étonnement les hautes murailles de droite et de gauche, et quand ils s'accrochent, leur effroi redouble. Souvent, la bête qui marche en tête hésite à s'aventurer plus loin et s'arrête; il se produit alors comme un reflux dans toute la ligne, les bêtes épouvantées se pressent, s'empilent; non seulement la rue est barrée, mais elle est bouchée et l'on a devant soi une sorte d'obstacle confus, hérissé de jambes, surmonté de têtes, d'où sortent des cris, des beuglements, des plaintes, et qu'il n'est plus possible d'affronter. Imagine ce que cela doit être, à l'entrée des voûtes, ou lorsque deux convois se rencontrent.

Cette rue n'en est pas moins la rue *marchande*, et presque la seule où l'on ait ouvert des boutiques; ces boutiques sont des cafés, des échoppes de mercerie, ou de petits magasins d'étoffes et de tailleurs tenus par des M'zabites. On y voit en outre, aux endroits les plus écartés, quelques loges étroites, un peu plus enfumées que les autres, où de maigres vieillards, à barbe en pointe, soufflent sur des charbons, avec un petit soufflet tenu en main, ou façonnent, à coups de marteau, sur une enclume basse posée à terre entre leurs talons, de petits objets de métal ayant l'air de joujoux de plomb. Ces vieillards portent le turban noir, sont fort sales, et l'on remarque qu'aucun Arabe ne vient s'asseoir à leurs boutiques. Leurs femmes ont pour coiffure un voile assez richement bariolé, et quelques-unes sont belles et tristes, mais, je l'avoue, ne rappellent que de très loin la Rachel de la Bible. Ce soufflet, en manière de forge, cette enclume large de deux doigts, un peu de limaille dans des godets de terre ; enfin, ces peignes, ces anneaux de bras, d'argent grossier, ces boutons en filigrane pour colliers, ces épingles pour haïk, voilà, comme fabrication et comme produit, toute la bijouterie d'El-Aghouat.

Comme les Juifs, les M'zabites font le commerce dans un pays où le commerce est aussi méprisé que l'industrie. Ils ont, comme eux, des traits qui les font reconnaître : le teint des Maures, de beaux yeux, l'ovale arrondi, un peu d'embonpoint qui révèle une race marchande fixée dans les villes et boutiquière. On leur reproche d'aimer plus le trafic que la guerre, et de pratiquer l'usure. Ils sont en général polis, sociables avec les étrangers. Ailleurs et dans les grands centres où le commerce est honoré, on les dit très honnêtes ; et tous les gouvernements ont eu successivement les mêmes égards pour eux. Nous n'avons fait en cela que suivre la politique turque. Tu sais d'ailleurs que, à tort ou à raison, par antipathie pour les compatriotes de mon ami Bakir, les Arabes les appellent les juifs du désert.

Toutes les maisons sont en boue. Cette boue, prise dans les jardins, délayée, puis coupée par tranches et séchée au soleil, est superposée par assises, à peu près comme de la brique, et mastiquée avec la boue liquide, en guise de mortier.

Parmi toutes ces constructions couleur de terre, il n'y a que le *Dar-Sfah* qui soit blanc et l'ancien bain de Ben-Salem qui soit peint. Le reste est gris, d'un gris qui, le matin, devient rose; à midi, violet; et, le soir, orangé. Quelques portes ont un encadrement blanchi au lait de chaux; d'autres sont surmontées d'une sorte d'image, peinte en bleu, représentant une main ouverte; d'autres, d'un damier de diverses couleurs, avec un semis de points rouges, bleus et verts, dans chaque losange.

Il y a quatre mois encore, deux grands marchés se tenaient à El-Aghouat; chaque quartier avait le sien à côté de sa porte. Ce sont de vastes terrains où l'on remarque seulement que le sol a dû être pendant longtemps battu par une grande foule d'hommes et d'animaux, et qui, dit-on, suffisaient à peine au commerce de cette ligne frontière. Comme point central entre l'Est et l'Ouest, entre le Tell et le désert, El-Aghouat ne pouvait être qu'un rendez-vous d'échange et qu'un entrepôt. Non seulement c'était sa prospérité; géographiquement, c'était sa seule raison d'être. Je suis allé visiter l'emplacement du marché des *Serrin*. D'abord, je ne vis qu'une plaine vide dévorée de soleil. Tout au fond cependant et contre un mur de jardin, j'avisai un petit groupe, où l'on semblait parler affaires. Il y avait là quelques moutons amenés par la boucherie, deux chèvres laitières, dont un Arabe examinait les mamelles, et une paire de poulets, coq et poule : tu sauras qu'il n'y a point de volaille dans El-Aghouat, et qu'on s'occupe depuis la conquête de l'y naturaliser. A côté, deux ou trois l'Aghouati, étrangers à la vente, regardaient voler dans le ciel un vautour qui flairait l'abattoir, et devait, lui aussi, trouver le marché d'El-Aghouat bien changé.

Je t'ai parlé de la place, celle qu'on nomme la Grande-Place, pour la distinguer de deux fondouks, aussi déserts que les marchés. C'est, avec le quartier des cafés et une ruelle où, depuis le Rhamadan, je passe la soirée en compagnie des jeunes élégants du pays, le seul point qui soit animé, et cela grâce au ruisseau. Ce ruisseau sans lequel l'oasis mourrait de soif, mais qui heureusement ne tarit jamais, débouche à l'un des angles de la place, coule au soleil pendant un moment, puis s'échappe à l'autre angle par un mur de jardin. C'est un petit fossé limoneux, noirâtre, peu propre à consoler la vue de la sécheresse universelle, et qui, soit dit sans ingratitude, n'est rien moins qu'encourageant pour la soif.

On y vient puiser deux fois par jour, mais surtout depuis trois heures du soir jusqu'à la nuit. Le va-et-vient commence dès que la grande chaleur est un peu tombée; et successivement j'y vois descendre presque toutes les femmes de la ville accompagnées des jeunes filles, et trainant encore après elles toute une escorte d'enfants bizarres.

Mon premier mouvement en apercevant ces formes

blanchâtres, vêtues de loques, sans bijoux, et qui ont l'air d'être tout habillées de poussière, a été du désappointement. Je me souvenais des vêtements bariolés du sud de Constantine, des voiles gris ou blancs, des turbans noirs, des laines pourpres entortillées dans les cheveux, surtout des fameux haïks rouges, *haïk-ahmeur*, sur lesquels étincelait une confuse orfèvrerie composée de peignes, de mains, de coffrets, de miroirs; je me rappelais ma rue aux femmes de *T'olga*, et cette double rangée de figures charmantes collées au mur comme des bas-reliefs peints; je revoyais l'effet de ces costumes ardents en plein soleil, sur le sable lilas des chemins, ou parmi le vert sombre des abricotiers; et même, je ne pensais pas sans quelque regret à cette fille si bien vêtue, si chargée d'ornements, qui vint un jour, pendant que j'étais là, planter sa tente sous les palmiers de *Sidi-Okba*, et qui n'avait qu'un tort, celui d'arriver de *Dra-el-Guemel* (montagne des poux) de Tuggurt. — Depuis, la part faite aux regrets, j'ai presque oublié que je comptais sur autre chose; au point que je ne saurais plus dire aujourd'hui si cette enveloppe sévère n'est pas ce qui convient à un pareil milieu, et si je souhaiterais d'y introduire le moindre agrément. Rien n'est plus simple, et voici, une fois pour toutes, ce costume en quelques mots.

Il se compose d'un haïk, d'un voile, d'un turban, quelquefois, en outre, d'une mante ou *mehlafa*. Le haïk est d'une étoffe de coton cassante et légère, de couleur incertaine entre le blanc, le jaune et le gris. Il se porte à peu près comme le vêtement des statues grecques, agrafé sur les pectoraux ou sur les épaules, et retenu à la taille par une ceinture. Le voile, de même étoffe et de couleur plus douteuse encore, surtout aux environs de la tête, est pris sous le turban, fait guimpe autour du visage, s'attache au moyen d'une épingle au-dessus du sein, puis découvre la poitrine, descend le long des bras, et, par derrière, enveloppe le corps de la tête aux pieds. Quelquefois, il est plus long que le haïk et fait alors l'effet d'un manteau de cour. La ligne oblique et soutenue, qui descend de la nuque à l'extrémité de l'étoffe, est superbe; et le mouvement de la marche y produit des frissounements et des ondulations de plis de la plus grande élégance. Quant au turban, il est de cotonnade un peu plus blanche et seulement rayé sur le bord, quelquefois à franges; on le roule à la mode du turban turc avec un bout sur l'oreille, très bas par devant, touchant au sourcil; il devient d'autant plus beau qu'il est plus vaste et plus négligé. La mante, ou voile de sortie n'est pas de rigueur. Il est adopté par les moins pauvres, et j'imagine aussi par les plus jolies. Enfin, quand elles ne vont pas pieds nus, elles ont pour chaussure un brodequin ou bas de cuir lacé, piqué de soie de couleur, de maroquin rouge et tout à fait semblable au brodequin, moitié asiatique et moitié grec, que certains maîtres de la Renaissance donnent à leurs figures de femmes.

Représente-toi maintenant sous cette couverture abondante en plis, mais légère, de grandes femmes aux formes viriles, avec des yeux cerclés de noir, le regard un peu louche, les cheveux nattés, qui se perdent dans le voile en flots obscurs, et encadrant un visage mièvre, flétri, de couleur neutre et qui semble ne pouvoir ni s'animer ni pâlir davantage; des bras nus jusqu'à l'épaule avec des bracelets jusqu'au coude, cercles d'argent, de corne ou de bois noir travaillé. Parfois le haïk, qui s'entr'ouvre, laisse à nu tout un côté du corps : la poitrine, qu'elles portent en avant, et leurs reins fortement cambrés. Elles ont la marche droite, le pas souple et faisant peu de bruit; quelque chose enfin de gauche et à la fois de magnifique dans les habitudes du corps qui leur permet de prendre, accroupies, des postures de singe, et debout, des attitudes de statues.

Au demeurant, si l'on voit peu de femmes qui soient belles, on en rencontre encore moins qui n'aient ce côté grand ou pittoresque de la tournure. Ce serait ici le cas ou jamais de faire une théorie sur la beauté des haillons, car, il faut le dire, beaucoup de ces draperies, qui abusent de loin, vues de près sont des guenilles. Ce qu'il y a de vrai, c'est que les peuples à vêtements flottants n'offrent rien de comparable à la pauvreté sans ressources d'un habit troué. Ils conservent, quand même, ceci d'héroïque, que, bien ou mal, ils sont drapés ; et ceci d'à peu près semblable aux divinités, qu'un peu plus ils seraient nus comme elles.

Entre la femme et l'enfant, il n'y a pas d'âge intermédiaire ; et la jeune fille, ici, c'est la petite fille. Fiancée à dix ans, mariée à douze ; à seize ans, la femme a pu être trois fois mère. Toutes les saisons de la vie sont en quelque sorte confondues. En dehors de ce plein été, qui fane aussi vite qu'il mûrit, à peine aperçoit-on deux saisons distinctes et aussi courtes l'une que l'autre : l'enfance et la vieillesse. Les petites filles sont vêtues comme leurs mères, mais un peu moins bien et un peu moins, ce qui rarement les intimide. Au lieu de turbans, elles ont des mouchoirs ; souvent même, pour seule coiffure, une forêt de cheveux coupés courts, teints de rouge et formant toison J'en connais de jolies ; presque toutes sont charmantes ; elles ont, en petit, la dignité de la femme avec les gentillesses farouches des enfants sauvages ; je n'ai jamais vu tant de jolis pieds, tant de mains parfaites, ni rencontré plus de sourires tristes, à côté de rires plus gais.

Il y en a une que je poursuis, mais qui se refuse à toute proposition de demeurer tranquille à quatre pas de moi, avec la seule obligation de me regarder. Tu connais le mépris des Arabes pour la profession que j'exerce ; chez les enfants, c'est de l'inquiétude, avec

une foule de suppositions effrayantes pour leur sexe.
— Fatma est toujours tête nue; ses cheveux, peu soignés, lui font une tête énorme avec un tout petit visage, au-dessus d'un cou grêle et d'un corps délicat. Elle a d'énormes yeux noirs qui se ferment presque tout à fait quand elle sourit; avec cela, des expressions furieuses, et tout à coup des airs de chat sauvage. Quand je la rencontre dans le trajet de sa maison à la fontaine, elle hésite d'abord entre ces trois partis : rentrer chez elle, gagner la place à toutes jambes, ou bien venir prendre dans ma main l'argent que je lui présente comme une bouchée à un oiseau qu'on veut apprivoiser. Le plus souvent, l'avidité l'emporte; mais après quels efforts! Pour comprendre à quel point cette enfant me hait dans ces moments-là, il faut la voir s'avancer à petits pas, mais droite, la tête haute, son grand œil hardiment levé sur moi, étincelant d'ardeur, effaré, méchant, plein de surveillance craintive et de menace. Elle devine que je lui tends un piège; et confusément elle sent bien que je m'amuse de sa frayeur. Aussi, dès qu'elle a saisi l'argent, l'effroi de s'être risquée de si près, le succès de m'avoir échappé, la peur que je ne la poursuive, que sais-je encore? toutes les épouvantes réunies lui font prendre une course folle. N'importe par quelle rue, au hasard, pourvu qu'elle fuie, elle s'élance, en agitant son outre vide, et jetant un éclat de rire saccadé qui est à la fois un signe de plaisir et le paroxysme de l'effroi. —

Quand, au contraire, nous nous trouvons à la fontaine, elle me dénonce aussitôt aux femmes, aux enfants; et j'entends qu'on se répète à l'oreille le nom arabe de peintre, nom malsonnant que j'ai confondu longtemps avec un autre qui veut dire voleur. L'alarme une fois donnée, je n'ai plus qu'à quitter la place, car il est évident que ces pauvres femmes sont désespérées de me voir examiner leurs enfants. D'autres petites filles du même âge ressemblent, au contraire, tant elles ont l'air dolent, au portrait d'une jeune douleur. — J'en connais une, avec une simple bandelette autour de ses cheveux pendants, un front bombé, un œil taciturne, qui me rappelle la *Mélancolie* d'Albert Dürer.

Femmes, enfants, sont là penchés sur l'eau sombre, le dos dans le soleil, leurs haïks retroussés au-dessus du genou, leur voile attaché par derrière, emplissant et vidant les écuelles, faisant ruisseler les entonnoirs, ficelant les outres gonflées. Tout ce monde grouille, agit, s'empresse; mais avec si peu de paroles, que, pour la plupart, on les dirait muets. Cette eau remuée répand dans l'air une apparence de fraîcheur; et la poussière détrempée exhale, jusqu'au soir, une trompeuse odeur de pluie d'orage. A chaque instant, c'est une famille nouvelle qui arrive, pendant qu'une autre, sa provision faite, regagne à petits pas la haute ville: la femme pliée en deux et portant l'outre, pareille à une énorme vessie noire; la petite fille, c'est décidément l'usage, coiffée de l'entonnoir en paille de palmier, ou de l'écuelle d'écorce. Au milieu de cette foule humide, la tête rasée et nue, car tous n'ont pas le luxe de la *chechia,* et répandant l'eau de toutes parts, circulent les plus petits. Leur chemise, trop courte ou trop longue, est toujours prête à descendre sur leurs talons ; et un gros ventre, des jambes grêles, un teint poussiéreux ; et, me permettras-tu ce détail, un peu trop local ? des paquets de mouches fixés aux coins des yeux, des narines et des lèvres, font de ces singuliers rejetons, moins précoces que leurs sœurs, des enfants beaucoup moins aimables. On s'étonne qu'il puisse en sortir les hommes beaux et vaillants que nous voyons.

Quelquefois la corvée est faite par un petit âne à maigre échine, poilu comme une chèvre, qu'un enfant, mis en surcharge entre deux outres, stimule en lui piquant les plaies du cou. Peu à peu, cependant, le soleil qui descend derrière les palmiers n'éclaire plus que le fond de la place. Le premier plan rentre alors dans une ombre douteuse, où l'on ne voit plus distinctement aucune couleur, hormis les coiffures écarlates de quelques petits garçons, qui continuent à briller exactement comme des coquelicots.

Pendant ce temps, à l'opposé de la fontaine, se passe une scène toute différente. Si je la place ici, malgré le faux air qu'elle a d'une antithèse, c'est uniquement parce qu'elle appartient encore au ruisseau.

Avant de quitter la ville pour rentrer dans les

jardins, le ruisseau se partage en deux conduits destinés à le répandre alternativement sur la droite ou sur la gauche, après un certain nombre d'heures déterminé. Chaque propriétaire a, plus loin, sa prise d'eau sur le canal principal de son quartier, et dispose ainsi, tant de temps par semaine, d'un bras de ce petit fleuve appelé l'*Oued-Lekier*. Le barrage est gardé par un agent municipal, institué gardien des eaux. Ce répartiteur n'est pas un des personnages les moins intéressants de la ville, et je le vois à toute heure ; car, le barrage étant devant ma maison, il habite ordinairement le seuil de ma porte et jouit de l'ombre de mon mur. A midi seulement, il se réfugie discrètement sous la voûte et me salue alors, quand je passe, d'un salut amical.

C'est un vieillard à barbe grisonnante, une sorte de Saturne armé d'une pioche en guise de faux, avec un sablier dans la main. Une ficelle tenant au sablier, et divisée par nœuds, lui sert à marquer le nombre de fois qu'il a retourné son horloge. Je le retrouve tous les jours, à la même place, ayant devant lui ces deux tristes fossés, dont l'un est à sec quand l'autre est plein, regardant à la fois couler l'eau et descendre grain à grain le sable qui mesure le temps, tout en égrenant sous ses doigts déjà tremblants ce singulier chapelet composé de quarts d'heure. Je n'ai jamais vu de visage plus tranquille que celui de ce vieillard condamné à additionner, nœud par nœud, tous les quarts d'heure qu'il a vécu. Quand il est au bout de sa ficelle, c'est que les jardins du canton *ont assez bu* et que le moment est venu de changer le cours de l'eau. Alors il se lève, démolit d'un coup de pioche le barrage et reconstruit l'autre avec des cailloux, de la terre et de la paille de litière; puis il revient s'asseoir au mur et reprendre son calcul mélancolique.

Juin 1853.

— La famille arabe est ainsi faite qu'on voit rarement ensemble le mari, la femme et les enfants, et qu'on est obligé de les prendre, chacun à son tour, où on les trouve. Ce que je pourrais te dire de la dure condition de la femme arabe ne serait pas nouveau; tu sais la part qui lui est faite par le mariage; elle est à la fois la mère, la nourrice, l'ouvrière, l'artisan, le palefrenier, la servante, et à peu près la bête de somme de la maison.

Quant à l'homme, qui dans ce partage exorbitant s'est attribué le rôle facile d'époux et de maître, sa vie se passe, a dit je ne sais quel géographe en belle humeur: « *à fumer pipette et à ne rien faire* ». La définition n'est qu'à moitié vraie, si je l'applique aux gens de ce pays; car je te l'ai dit, je crois, que les Arabes du Sud ne font point usage du tabac; à peine voit-on quelques jeunes gens sans mœurs fumer le *tekrouri* dans de petits fourneaux de terre rouge; et j'aimerais mieux dire, pour l'exactitude : « à chercher l'ombre et à ne rien faire ».

Une ville du désert est, tu le vois, un lieu aride et brûlé, où la Providence a, par exception, mis de l'eau, où l'industrie de l'homme a créé de l'ombre : la fontaine où sont les femmes, l'ombre d'une rue où dorment les hommes, voilà des traits bien vulgaires et qui, pourtant, résument tout l'Orient.

Tu trouveras donc ici les hommes établis dans tous les endroits sombres, sous les voûtes, sur les places, dans les rues, partout excepté chez eux. Le ménage se réunit seulement pour le repas et pour la nuit.

La rue Bab-el-Gharbi est un de mes boulevards. En attendant que la chaleur me force à abandonner la ville pour les jardins, il est rare qu'on ne m'y voie pas à quelque moment que ce soit de la journée. Vers une heure, l'ombre commence à se dessiner faiblement sur le pavé; assis, on n'en a pas encore sur les pieds; debout, le soleil vous effleure encore la tête; il faut se coller contre la muraille et se faire étroit. La réverbération du sol et des murs est épouvantable; les chiens poussent de petits cris quand il leur arrive de passer sur ce pavé métallique; toutes les boutiques exposées au soleil sont fermées : l'extrémité de la rue, vers le couchant, ondoie dans des flammes blanches; on sent vibrer dans l'air de faibles bruits qu'on prendrait pour la respiration de la terre haletante. Peu à peu cependant, tu vois sortir des porches entre-bâillés de grandes figures pâles, mornes, vêtues de blanc, avec l'air plutôt exténué que pensif; elles arrivent les yeux clignotants, la tête basse, et se faisant de l'ombre de leur voile un abri pour tout le corps, sous ce soleil perpendiculaire. L'une après l'autre, elles se rangent au mur, assises ou couchées quand elles en trouvent la place. Ce sont les maris, les frères, les jeunes gens, qui viennent achever leur journée. Ils l'ont commencée du côté gauche du pavé, ils la continuent du côté droit; c'est la seule différence qu'il y ait dans leurs habitudes entre le matin et le soir. — A deux heures, tous les habitants d'El-Aghouat sont dans la rue.

Une remarque de peintre, que je note en passant, c'est qu'à l'inverse de ce qu'on voit en Europe, ici les tableaux se composent dans l'ombre avec un centre obscur et des coins de lumière. C'est, en quelque sorte, du Rembrandt transposé; rien n'est plus mystérieux.

Cette ombre des pays de lumière, tu la connais. Elle est inexprimable; c'est quelque chose d'obscur et de transparent, de limpide et de coloré; on dirait une eau profonde. Elle paraît noire, et, quand l'œil y plonge, on est tout surpris d'y voir clair. Supprimez le soleil, et cette ombre elle-même deviendra du jour. Les figures y flottent dans je ne sais quelle blonde atmosphère qui fait évanouir les contours. Regardez-les maintenant qu'elles y sont assises; les vêtements blanchâtres se confondent presque avec les murailles ; les pieds nus marquent à peine sur le terrain, et, sauf le visage qui fait tache en brun au milieu de ce vague ensemble, c'est à croire à des statues pétries de boue et, comme les maisons, cuites au soleil. Par moments seulement, un pli qui se déplace, un geste rappelant la vie, un filet de fumée qui s'échappe des lèvres d'un fumeur de *tekrouri* et l'enveloppe de nébulosités mouvantes, révèlent une assemblée de gens qui se reposent.

Les enfants ne figurent point dans ces groupes ; ils sortent rarement ou se hasardent seulement jusqu'au seuil, tout prêts à se cacher dès qu'un étranger paraît. Les vieillards sont en petit nombre, et, quoi qu'on dise de la durée des jours dans le Sahara, les Nestors n'y sont respectés que parce qu'on y compte peu de barbes blanches. Ici enfin, même observation pour les femmes ; entre l'homme et l'enfant, on remarque à peine le jeune homme ; entre le petit garçon à tête nue et son grand frère encore imberbe, mais déjà coiffé du *ghaët* viril et chaussé des *tmags*, à peine observe-t-on le type indécis de l'adolescent.

Tous mes habitués de la rue Bab-el-Gharbi sont donc d'âge à faire la guerre. Et cependant, à considérer dans leurs moments d'apathie la rareté de leurs gestes, la lassitude de leur air et de leurs mouvements, à les voir s'interroger de la main, et se répondre, sans ouvrir la bouche, par la syllabe sourde du *oui* arabe, par une inclination de tête, ou par un faible abaissement des paupières ; à les écouter parler, quand ils parlent, on les prendrait pour des ancêtres. Tout en eux est pesant ou nonchalant ; et cette fatigue ajoute à la dignité des personnes, et cette dignité devient épique. Je trouve qu'à part une ou deux exceptions illustres, le côté grandiose de ce peuple n'est pas représenté dans la peinture anecdotique de notre temps. L'Arabe, comme beaucoup de types entrevus par la silhouette, est tombé dans la mascarade. On en est las parce qu'il est devenu commun, avant d'être bien connu. Te souviens-tu d'avoir vu passer, un jour que nous étions ensemble, ces étranges figures, épaisses, incultes, vêtements bruts, visages camards, — des médaillons de la colonne Trajane, — tout brûlés, et ressemblant doublement à du vieux marbre ou à du bronze ? Ils avaient planté leur tente rouge sur une esplanade hérissée de tiges sèches de maïs ; des chevaux maigres, des dromadaires aux jambes nouées se promenant au soleil parmi les échalas ; bêtes et gens avaient l'air de venir de loin et témoignaient d'un climat indigent, rude et enflammé. Ces voyageurs du Sud, qui t'ont frappé comme des nouveautés, même en pays arabe, voilà l'Arabe. Tu l'as aperçu ce jour-là vaguement, petit dans un grand paysage ; je voudrais te le montrer aujourd'hui tel que je le vois, de près et de grandeur naturelle, isolé comme un portrait dans son cadre.

Le cadre est si petit, que leur taille y paraît colossale. Quelquefois un passant s'arrête, barrant la rue de son ample manteau rejeté en arrière. Il échange une accolade, un salut de la main. S'il passe, on entend un moment le bruit mou de ses sandales; s'il s'arrête, on le voit s'asseoir, un bras roulé dans son burnouss, le bras droit libre pour chasser les mouches, égrener son chapelet, se peigner la barbe. Pendant quelques minutes, on entend revenir les formules de politesse :

— Comment es-tu?
— Bien.
— Et comment, toi?
— Très bien.

Puis, c'est fini; éveillés ou non, ils se taisent. C'est le même repos, dans toutes les attitudes possibles. Les uns dorment rassemblés sur eux-mêmes et le menton sur leurs genoux; d'autres, la nuque appuyée contre le mur, le cou faussé, les bras étendus, les mains ouvertes, le corps tout d'une pièce et les pieds droits, dans un sommeil violent qui ressemble à de l'apoplexie; d'autres, la tête entièrement voilée comme César mourant, qui se sont retournés sur le ventre, et dont on voit s'allonger sur le pavé blanc les jambes brunes et les talons gris; d'autres, penchés sur le coude, le menton dans la main, les doigts passés dans la barbe. Ailleurs, des jeunes gens sommeillent, appuyés l'un sur l'épaule de l'autre avec une certaine grâce, et sans cesser de se tenir par le petit doigt.

Tous ces visages somnolents ont de grands traits ; même hébétés, ils conservent la beauté d'une sculpture ; même incorrects, ils offrent l'intérêt d'une forte ébauche. La barbe amincie vers l'oreille dessine les os maxillaires ; il est impossible de voir une barbe mieux plantée : la nôtre, quand elle est noire sur un teint blanc, a l'air d'être postiche ; la leur adhère au visage et s'insinue dans la peau par d'insensibles transitions brunes. Le nez, droit quand il est pur, s'élargit vers la base quand il n'y a qu'un faible mélange de sang nègre ; la bouche est charnue et saillante ; enfin, les pommettes, le cadre de l'œil, tout en eux est robuste, construit largement, et semble sortir d'un moule au-dessus de nature. — Quant aux yeux, c'est là que la vie se retrouve : ils sont grands, obscurs ; on y voit passer des lueurs fauves ; à mesure que les cils s'écartent, la prunelle noire se dilate et les remplit ; à peine reste-t-il un point plus clair à l'angle externe des paupières, un point couleur de sang à l'angle intérieur ; on dirait deux trous noirs ouverts dans un masque discret, et par où l'âme, à certains moments, qu'on prévoit, peut se manifester par des jets de flammes.

Le costume, on le connaît, et il serait presque inutile de le décrire. Peu importe les noms de *gandoura*, *haïk*, *burnouss*, *ghaët*, etc. ; rien n'est plus simple, il se réduit à trois pièces d'étoffes superposées ;

une chemise de dessous qu'on ne voit pas; un voile qui encadre le visage et fait deux ou trois fois le tour du corps en écharpe; un manteau qui recouvre le tout, dont le capuchon peut en outre abriter la tête. Tout cela est blanc, d'une étoffe lourde, épaisse, et forme de gros plis. Le voile est retenu autour de la tête par une corde en laine grise; la coiffure est basse, collante, et ne fait qu'élargir le crâne sans l'élever. Le tout ensemble représente une seule draperie. C'est le pendant du costume des femmes, et, comme celui-ci, c'est le plus simple et le plus grandiose que j'aie vu nulle part.

A côté de ce vêtement digne d'être porté par un patriarche, les costumes de guerre ou d'apparat des Sahariens ont un certain air de *fantasia,* comme disent les Arabes, c'est à dire de faux luxe qui sent un peu le théâtre. Par bonheur, on ne leur voit pas de pipe dans la main, mais un chapelet de noyaux de dattes, enfilés dans de la laine, avec quelques grains de verroterie ou des morceaux bruts de lapis-lazzuli; au bout, un petit peigne en os ou une amulette. Ce chapelet pend sur leur poitrine, et leur main droite est sans cesse occupée à en compter les grains. Ils n'ont pas d'armes; ils portent seulement à la ceinture et dans un étui de cuir un petit couteau de fer battu qui leur sert à se raser; à cheval, ils prennent la double botte, le grand chapeau de paille attaché par une mentonnière de cuir, le grand fusil, et un sabre turc, kabyle espagnol ou *targui,* passé sous la selle ou pendant le long d'une épaule.

Malgré ce peu de différence dans l'habit, rien ne se ressemble moins que ces deux hommes, suivant qu'ils sont à pied ou à cheval. En quoi ils diffèrent n'est pas aisé à définir, mais peut-être me comprendras-tu quand je te dirai que l'un est plus historique que l'autre. L'Arabe à pied, drapé, chaussé de sandales, est l'homme de tous les temps et de tous les pays; de la Bible, si tu veux, de Rome, des Gaules, avec un trait de la race orientale et la physionomie propre aux gens du désert. Il peut figurer dans quelque scène que ce soit, grande ou petite; et c'est une figure que Poussin ne désavouerait pas. — Le cavalier, au contraire, debout sur son cheval efflanqué, lui serrant les côtes, lui rendant la bride, poussant un cri du gosier et partant au galop, penché sur le cou de sa bête, une main à l'arçon de la selle, l'autre au fusil, voilà l'homme du Sahara; tout au plus, pourrait-on le confondre avec le cavalier de Syrie. Il a moins de style que le premier et plus de physionomie. Au surplus, il ne s'agit point de préférer l'un à l'autre : l'un est l'histoire, l'autre le genre; et la *Noce juive* à bien son prix, même après les *Sept Sacrements.* Que suis-je venu chercher ici, d'ailleurs? Qu'espérais-je y trouver? Est-ce l'Arabe? Est-ce l'homme?

L'autre jour, j'ai vu passer ici même, venant de la place et filant vers Bab-el-Gharbi, une cinquantaine de cavaliers du goum. C'était le matin; on les avait convoqués à la hâte, sur la nouvelle qu'un convoi de marchands du Sud, allant dans le Tell, prenait par l'ouest pour éviter El-Aghouat. Chacun montant à cheval à sa porte, ils arrivaient au rendez-vous un par un. Je les voyais accourir du fond de la rue, coupée à vingt pas de moi par une voûte; se courber une seconde, pour passer dessous, puis reparaître tout droits, non plus en selle, mais debout sur l'étrier, lancés au galop de charge, et venant sur moi comme une tempête. La rue est si étroite, qu'à chaque fois je sentais le vent du cheval; et, comme elle est à peu près en escalier, c'étaient des écarts et des efforts de jarrets effrayants. Le pavé retentissait; on entendait cliqueter, contre le flanc des bêtes, les étriers de fer et les longs éperons; le torse humain du centaure ne bronchait pas. Chaque cavalier passait, riant à des amis qui étaient sur leurs portes, les yeux en flammes et agitant son long fusil, comme s'il allait avoir à s'en servir. Cette chose si simple, et qu'on voit si communément, un cavalier au galop dans une rue, je ne saurais dire pourquoi, à cet endroit-là particulièrement, elle m'a frappé. Mais je l'ai notée comme une des belles scènes équestres que j'ai vues, et j'ai compris ce que peuvent devenir ces fainéants, à l'air endormi, quand on les met à cheval.

Juin 1853.

— Grâce au lieutenant N..., devenu désormais mon compagnon de promenade et je crois pouvoir le dire, mon ami, je commence à me faire des connaissances. On me salue quand je passe; on m'appelle, ainsi que lui, lieutenant de préférence à *sidi;* il n'est pas jusqu'aux factionnaires indigènes qui, habitués à nous voir ensemble, et trompés sur ma vraie qualité, ne me rendent les honneurs militaires.

Le lieutenant N... a beaucoup d'amis dans la ville; il connait ces gens-là par cœur; il sait leur histoire, leurs antécédents, leurs affaires de ménage, leur parenté; il est un peu le médecin des infirmes, le protecteur des pauvres; à ce titre, et quoique très redouté pour sa vigueur à sévir quand il le faut, il a ses entrées dans un grand nombre de maisons qui seraient fermées pour tout autre; privilège précieux pour moi, car il m'en fait obligeamment profiter.

Parmi ses « faux amis », comme il les appelle, avec la connaissance exacte des amitiés arabes, se trouve un vieux chasseur d'autruches et de gazelles. C'est le premier qui m'ait admis familièrement chez lui, sa femme n'étant ni d'âge ni de visage à le rendre jaloux. D'ailleurs, c'est un caractère enjoué, qui me paraît plein de bonne humeur, de philosophie, et au-dessus de certains préjugés; comme un homme qui se moquerait enfin des choses humaines, après y avoir longtemps réfléchi.

On lui donnerait cinquante ans passés, à voir les poils gris de sa barbe. Il a le visage en museau de loup; de petits yeux bridés, sans cils, dont les ophtalmies ont enflammé les paupières; mais avec un regard perçant et qui semble aiguisé comme une flèche, dans le but de porter plus loin. Il est borgne et boite un peu d'une jambe, par suite d'une blessure à la cuisse; un coup de feu, dit-on; lui l'explique autrement; mais, comme un vieux sanglier dur à mourir, il n'en est pas moins alerte. Son histoire serait longue, s'il la voulait raconter, et sûrement on y trouverait autre chose que des aventures de chasse. Ce que je sais de lui, c'est qu'il n'est pas d'El-Aghouat; qu'il a passé de longues années chez les Chambaa, creusant, dit-il, des puits artésiens, et chassant; il parle en outre de l'*Oued-Ghir* et du *Djebel-Amour*, comme s'il avait successivement habité tout le désert, depuis la frontière de Tunis jusqu'au Maroc; mais, surtout, il parle de la poudre avec la passion d'un homme qui n'aurait pas renoncé à s'en servir.

Il demeure dans la basse ville, à l'extrémité d'une rue silencieuse, dans le voisinage des jardins. C'est un intérieur misérable, et que j'ai cru des plus pauvres, avant de m'être assuré qu'il ressemblait à tous les autres; car, à ce point général d'incurie et de malpropreté, le degré de misère est peu sensible. Le spectacle, au reste, est trop curieux pour que je le néglige ; il achève énergiquement la physionomie de ce peuple plein de contrastes ; peut-être est-il encore plus terrible que repoussant.

Les maisons de ce quartier, communes en général, à deux ou trois ménages, se composent d'une cour carrée avec un logement sur chaque face. Ce logement, formé d'une ou de deux chambres au plus, est une galerie sombre ne tirant le jour que d'une porte toujours ouverte. La porte est basse, et ne laisse entrer le soleil que lorsqu'il devient tout à fait oblique, le matin ou le soir. Jamais la lumière n'y pénètre autrement que par reflet ; les murs sont noirs et enduits d'une sorte de bitume épais qui ressemble à de longs dépôts de fumée, bien qu'en général on ne fasse de feu que dans la cour. Quant au plafond, perdu dans une obscurité perpétuelle, il sert de retraite effrayante à des animaux de toute sorte.

Quand on entre dans ces cours vides, souillées d'ordures comme des cours d'étables, d'abord on ne voit personne ; tout au plus une femme qui disparait dans le trou noir d'une porte, le bout du vêtement traînant derrière au soleil. Seulement on entend un petit bruit sec et régulier qui vient des chambres et qui ressemble à des coups de marteau de tapissier ; puis, on aperçoit vaguement, dressé dans chaque chambre et dans le carré de lumière mesuré par la porte, un vaste métier debout, à charpente bizarre, tout rayé de fils tendus, où l'on voit courir des doigts bruns, et passer les dents aiguës d'un outil de fer semblable à un peigne ; enfin, peu à peu, l'œil s'accoutumant aux ténèbres du lieu, on finit par découvrir, derrière ce rideau de fils blancs, la forme un peu fantastique d'ouvrières, assises et tissant, et de grands yeux stupéfiés fixés sur vous.

La fabrication des étoffes n'est ici, surtout depuis la prise, qu'une industrie de ménage ; encore se réduit-elle à des tissus grossiers et aux objets de première nécessité ; des haïks de laine, des burnouss à bas prix, et quelques djerbi, ou couvertures, tout unis.

Quelquefois, plusieurs femmes rangées côte à côte sont occupées à la même pièce d'étoffe ; l'étoffe est tendue dans la longueur de la chambre, le centre vis-à-vis la porte, les deux bouts dans l'obscurité ; les femmes sont accroupies derrière, le dos au mur, les mains glissant à travers la trame, ou frappant le tissu pour le serrer, les pieds parmi les écheveaux de laine, leurs nourrissons sur leurs genoux. La plus âgée, assise à l'écart, carde la laine brute, en la déchirant sur une large étrille de fer. De maigres petites filles, plus pâles encore que leurs mères, juchées sur de hautes encoignures, filent avec une petite quenouille enjolivée de plumes d'autruches et laissent, du bout de leurs doigts jaunes, pendre jusqu'à terre le long fil qui se tord et se pelotonne autour du fuseau ; d'autres le dévident. Il y a là de tout petits enfants couchés dans les coins, tius, avec un lambeau de laine sur la figure, afin de les préserver des mouches. Mais, excepté ceux-ci que leur âge excuse de dormir, tout le monde travaille; seulement on parle peu; on voit la sueur qui perle sur ces fronts arides, et plus la chaleur est forte, plus les visages deviennent pâles.

Chaque ménage a dans la cour un coin particulier, où l'on fait le repas contre le mur noir de fumée; puis, à côté, la place où l'on mange. On y voit l'outre vide, l'outre gonflée, l'autre à moitié vide contenant du lait qu'on laisse aigrir et que de temps en temps l'on vient battre; par terre, des plats de bois, des gamelles, quelques poteries grossières, des lambeaux de tellis, des restes de djerbi, des tessons, des os rongés, des pelures de légumes, plus les débris accumulés des repas. Là-dessus, répands des millions de mouches; mais en si grand nombre que le sol en est noir, et pour ainsi dire mouvant à l'œil; fais-y descendre un large carré de soleil blanc qui excite et met en rumeur cet innombrable essaim; place en sentinelle au-dessus de la porte un chien jaune à queue de renard, à museau pointu, à oreilles droites, qui aboie contre les passants, prêt à sauter sur la tête de ceux qui s'arrêtent; imagine enfin l'indescriptible résultat de ce soleil échauffant tant d'immondices, une chaleur atmosphérique à peu près constante en ce moment de 40 ou 42°, et peut-être connaîtras-tu, moins les odeurs dont je te fais grâce, les étranges domiciles où le lieutenant N... et moi nous allons visiter nos amis.

La journée s'écoule ainsi dans le plus grand silence; le mari absent, les femmes au travail, les plus petits sommeillant, le chien veillant. Pas de chants, pas de bruit; on entend distinctement le bourdonnement des mouches qui continue, quand cesse le cliquetis des métiers.

Quelquefois, un épervier apparaît dans le carré de ciel bleu compris entre les murs gris de la cour. Tout à coup, son ombre, qui flotte un moment sur le pavé, fait lever la tête au chien de garde, et lui arrache un rauque aboiement. L'oiseau se laisse tomber, comme s'il était mort, prend un débris, donne un coup d'aile et remonte; il s'élève en formant de grands cercles; arrivé très haut, il se fixe. On le distingue encore, comme un point jaune taché de points obscurs, immobile, les ailes étendues, cloué pour ainsi dire comme un oiseau d'or sur du bleu.

Le soir venu, les fourneaux s'allument; les outres sont pleines, on prépare le repas; le mari rentre pour manger, et la famille se trouve un moment réunie sous ce beau ciel de nuit, presque aussi lumineux que certains jours d'Europe.

— Hier, après le dîner, précisément à l'heure du sien, nous sommes entrés chez le chasseur d'autruches. Le soleil venait de se coucher; de petites fumées roussâtres, d'odeur fétide, commençaient à se répandre au-dessus des terrasses. C'était la seule odeur de repas qui s'exhalât de toutes ces maisons où l'on soupait. Les rues devenaient désertes; on n'y rencontrait plus que ce petit nombre d'individus de condition plus pauvre encore, qui ne soupent jamais, même en temps de Rhamadan.

Le vieux borgne était en gaieté, et nous restâmes avec lui plus de deux heures à causer chasse. Le lieutenant N..., dont c'est aussi la passion, a quelque faiblesse pour ce vieux coureur de routes. Il va sans dire qu'il ne s'agit point de la chasse à courre avec les *slougui;* notre homme n'a jamais pratiqué que la chasse à pied, autrement dit l'affût. Il appartient à cette classe, nombreuse ici, des piétons du désert. En fait de monture, il est douteux qu'il en connaisse d'autre que le dromadaire; il ne porte point aux jambes la marque des cavaliers; d'ailleurs, quand il parle de son équipage de chasse, et dans la pantomime intraduisible dont il accompagne ses récits, il n'est jamais question que de ceci et de cela, comme il dit, en montrant sa jambe valide et son bon œil.

En homme qui vient du pays des autruches, il affecte pour celui-ci un mépris légitime. Les autruches, en effet, y sont rares, et ne font qu'y apparaître au moment des fortes chaleurs, quand, l'eau venant à manquer dans tout le Sud, la soif les oblige à se disperser pour trouver des sources. Il en vient alors jusqu'à Rass-el-Aïoun, non pas se fixer, mais y faire des pointes la nuit. Vers la même époque, on en rencontre un peu partout dans les environs; à l'est, aux fontaines d'*El-Assafia;* à l'ouest, et sur la route du Djebel-Amour, vers les taillis sablonneux de *Recheg;* mais c'est par hasard, irrégulièrement; il faut les guetter et revenir souvent pour une occasion toujours douteuse. En revanche, la gazelle abonde sur toute la ligne des K'sours, partout où il y a un peu d'herbe, surtout des romarins. Tu connais le goût des gazelles pour certaines plantes odorantes de ce climat, et le genre de produit qu'on recueille sur les terrains qu'elles fréquentent. Ces petites boulettes brunes et parfumées plus ou moins, suivant la qualité des plantes dont elles se nourrissent, sont fort appréciées des Arabes; on les mêle au tabac, on les brûle en guise de pastilles : l'odeur en est âcre, mais rappelle le musc. Il suffit de passer le soir devant le café de notre ami *Djeridi,* pour apprendre qu'El-Aghouat est au centre d'un pays de gazelles. C'est sur ce gibier, assez mesquin en comparaison de l'autre, que notre chasseur est obligé de se rabattre depuis son séjour ici, séjour qu'il a l'air de considérer comme un exil ou comme un emprisonnement.

Mais, comme un vieux soldat qui, dans un temps d'escarmouches, se consolerait en racontant les grandes guerres qu'il a faites jadis, notre ami se rajeunissait en nous parlant des autruches, et quand il disait *delim* (l'autruche mâle), on comprenait, à son accent, qu'il estimait, alors seulement, citer une aventure digne de lui.

Pour peu que l'imagination s'en mêle, il est aisé, je te le jure, de faire un merveilleux voyage en compagnie d'un pareil conteur. Quant à moi, j'entrevoyais, en l'écoutant, des mœurs, des tableaux, tout un pays encore nouveau, tout ce monde merveilleux et lointain que jamais je ne connaîtrai. Des régions plus mornes encore que celles-ci; de longues marches sans eau, sans routes, sans bois, sans abri; puis les dunes chaudes, les *areq*, où l'oiseau dépose ses œufs; çà et là des traces aussi larges que celles du lion et bizarres; puis l'embuscade pendant le jour avec le soleil, pendant la nuit avec ses longues veilles; et toujours le même silence; quelquefois, plusieurs journées de suite passées dans le sable enflammé à attendre une nuit propice; ce point imperceptible d'un petit homme blotti dans le grand espace et guettant; par-dessus tout, enfin, cette lutte héroïque entre une passion de sauvage et le désert tout entier qui conspire à le décourager.

Le vieux borgne mettait lui-même ces grandes scènes en action, à sa manière, et quoique ce fût d'une façon grotesque, en vérité l'on voyait tout. Le long djerid qui lui sert de canne lui tenait lieu de fusil. Il partait, de sa bonne jambe, tombant sur la mauvaise, et se relevant de l'une sur l'autre à chaque pas, comme par un élan. On oublie qu'il boite, tant il y a d'énergie dans son allure et d'élasticité dans ce pied invalide ; on dirait d'un ressort fait pour accélérer sa marche et dont chaque impulsion le porte irrésistiblement en avant. Surtout, on admet qu'il puisse aller loin, car cette singulière infirmité a l'air de le rendre infatigable. Il avait son haïk tordu derrière l'oreille, et, de son œil unique qui le force à se retourner plus fréquemment d'un côté que de l'autre, de ses narines ouvertes, de ses oreilles tendues au vent, il semblait interroger les bruits, les odeurs, les traces. Tout à coup il se laissa tomber à plat ventre, son arme collée au corps, et pendant un moment il ne bougea plus.

N'oublie pas le lieu de la scène : c'était à deux pas du cercle des femmes et dans le coin de la cour où la famille avait pris son repas. Le feu, alimenté avec des fientes de chameaux, faute de bois, ne jetait plus que de maigres lueurs. Les femmes rangées autour, et je ne sais par quelle habitude, car malgré la nuit on étouffait, le regardaient tristement s'éteindre avec des yeux fixes qu'on devinait sans trop les voir. A peine apercevait-on, un peu au delà, les enfants couchés près du mur et dormant. Le plus profond silence régnait dans la cour, et ni le lieutenant, ni moi, n'avions envie de l'interrompre.

Après un moment d'immobilité complète, le vieux chasseur se souleva sur un coude, et se mit à ramper, le menton à fleur de terre, allongé comme un reptile ;

insensiblement, le bâton passa dans sa main gauche; on le vit ajuster longtemps, prudemment, avec la certitude d'un homme qui entend ne pas manquer un coup si rare; enfin, il fit feu, en imitant l'explosion par un : boum! poussé d'un voix de tonnerre. En un éclair il fut debout et se mit à bondir. Là, je le crus fou, tant il mettait d'action dans son rôle. Il imitait à la fois la bête blessée qui fuit et le chasseur qui court après elle; de son burnouss, qu'il agitait à deux mains, il représentait l'immense envergure de l'oiseau et le mouvement des ailes battant pesamment la terre; enfin, jetant un petit cri d'angoisse, de joie, de possession, il prit un dernier élan et sembla donner tête baissée contre la bête; puis, se retournant vers nous, il partit d'un grand éclat de rire.

On voyait luire ses petits yeux devenus couleur de braise, et, dans ses mâchoires ouvertes tout à coup par ce large accès de gaieté, je vis luire des dents pareilles à des crocs de carnassiers.

— Que dites-vous de cet animal-là? me demanda le lieutenant.

— Je dis que tout borgne et tout boiteux qu'il est, ce doit être un rude chasseur.

— Ah bah! on ne sait pas, me dit le lieutenant; le plus clair de son affaire, c'est qu'il a du plomb dans le corps.

Il y avait là, dans la cour, un peu à l'écart, un homme à burnouss qui venait d'entrer pendant la scène et se tenait assis sans souffler mot. Ce ne fut qu'au moment de sortir que nous le reconnûmes.

— Ah! c'est toi, *Tahar;* bonsoir, lui dit le lieutenant. Qui est-ce qui garde les eaux?

Le vieillard se leva, répondit que c'était un tel, nous dit bonsoir, et se rassit.

Quant au chasseur, il nous accompagna jusque dans la rue, en appelant sur nous toutes les bénédictions du ciel.

— Est-ce que le gardien des eaux est de la famille? demandai-je quand nous fûmes seuls.

— C'est le frère du borgne, me répondit le lieutenant. On ne s'en douterait guère, n'est-ce pas? Encore un émigré rentré; mais celui-là, c'est un brave homme.

— Vous le connaissez?

— La première fois que nous nous sommes rencontrés, c'était le 4 décembre, à la nuit, là-bas, dans ce petit enclos, près de *Bab-el-Chettet,* où je vous ai dit qu'on avait fait un accroc à ma capote. La bataille était finie dans la ville; on ne tirait plus que dans les palmiers. Ils étaient là embusqués derrière un mur, lui Tahar, son fils, et un autre vieux. Ils firent feu ensemble et se sauvèrent. Je dis à mon sergent : Tire au jeune. Le jeune homme roula comme un lièvre, puis se releva et se mit à courir. La nuit venait; on sonnait le ralliement; il était inutile de le poursuivre. Le troisième étant blessé à mort, nous n'eûmes que

Tahar. Il ne voulait pas se rendre ; à la fin, je lui fis entendre raison, et il se laissa emmener. Mais le lendemain, il avait filé, et je me dis qu'il avait bien fait.

Deux mois après, on le trouva rôdant dans les environs ; il était en loques et n'avait plus de chaussures ; le pauvre vieux cherchait son fils. On lui fit grâce ; et son frère étant déjà rentré, il alla demeurer chez lui.

Depuis, je lui ai fait avoir son emploi. On lui a dit de se tenir tranquille ; que son fils était enterré avec les autres ; et qu'il n'y avait pas moyen de le lui rendre ; — à moins qu'il ne se soit traîné, ajouta le lieutenant ; car on en a trouvé plus d'un sur la colline, là-bas ; et je sais qu'il y a quatorze corps dans le rocher aux chiens, que personne n'a ramassés.

Au moment où nous nous séparions, quelqu'un passa près de nous et nous dit bonsoir d'une voix charmante. C'était Aouïmer, le joueur de flûte, qui descendait nonchalamment la place, se dirigeant vers les cafés. Il était tout en blanc, sans burnouss, et portait son haïk relevé à l'égyptienne ; à son air comme à sa voix, on eût dit une femme. Il allait achever sa nuit chez *Djeridi*.

— *Va Aouïmer,* as-tu ta flûte ? lui cria le lieutenant.

— Oui, sidi, répondit de loin Aouïmer.

— Alors, suivons-le, dis-je, et si nous ne tenons pas plus l'un que l'autre à rentrer chez nous, restons chez Djeridi le plus tard possible.

Aouïmer est un type peu commun. De tous les jeunes beaux de la ville, c'est le plus à la mode et le plus avenant. Il a de la grâce et du feu ; chose plus rare, il a de la nonchalance et de la gaieté ; une grande bouche, un beau teint, peu de barbe, des yeux faits pour sourire ; avec cela, l'air d'être toujours en bonne fortune. On le dit fidèle, ardent, brave, excellent soldat et très brillant cavalier. Mais sa vraie place est au café maure, où nous le voyons chaque soir, négligé de tenue, pâli par son jeûne, jouant avec des langueurs étranges de sa flûte de roseau, ou dansant, en se faisant accompagner de la voix, la danse molle des almées du Sud. A cheval, il perd son charme de musicien et de danseur, et ressemble trop à tout le monde. Je ne sais à quel point la poudre peut l'enivrer, mais il est positif que le son de sa flûte a sur lui des effets puissants. Sa propre musique est celle qu'il préfère ; il aime à s'en griser.

On prenait beaucoup de café dans la rue voisine ; et, malgré l'heure avancée, il y avait foule à la porte de Djeridi ; c'est-à-dire qu'on y voyait sur deux bancs de pierre et moitié du côté du café, moitié du côté de l'échoppe à tabac — Djeridi fait ce double commerce — une douzaine de figures toutes en blanc, toutes une tasse à côté d'elles, quelques-unes fumant la cigarette, toutes exhalant une odeur de sbed, de musc ou de benjoin, et leurs pieds nus se touchant d'un bord à l'autre de la rue, tant la rue est étroite. Je t'ai dit que le café de Djeridi est le cercle le mieux fréquenté d'El-Aghouat, ou, si tu veux, celui des jeunes, des parfumés et des fringants. On y fume un peu plus qu'ailleurs; on s'y amuse un peu plus tard.

L'échoppe à tabac était fermée; le café lui-même n'était guère éclairé que par le reflet rouge du fourneau : il était près de minuit. Un vent très doux faisait bruire, au bout de la rue, deux ou trois palmiers dont on voyait vaguement les éventails noirs se mouvoir sur le ciel violet constellé de diamants. La voie lactée passait au-dessus de nos têtes dans la longueur de la rue; il en descendait comme une sorte de demi-clair de lune.

Aouïmer joua de sa flûte, d'abord assez froidement, puis avec plus d'âme, et bientôt avec une passion sans égale. Je voyais seulement le balancement de son corps et de ses bras, et les mouvements étrangement amoureux de sa tête; pendant une heure qu'il joua sans s'interrompre, tantôt plus fort, tantôt avec des sons si faibles qu'on eût cru que son souffle expirait, on n'entendit pas un bruit, pas une parole; à peine s'apercevait-on que Djeridi allait et venait prenant les tasses ou les rapportant pleines; il avait ôté ses sandales et marchait comme marchent les Arabes quand ils craignent de faire du bruit; de temps en temps seulement, la voix languissante d'un chanteur, inspiré par de si doux airs, se mêlait en sourdine aux tendres roucoulements du roseau.

L'heure était en effet si belle, la nuit si tranquille, un si calmant éclat descendait des étoiles, il y avait tant de bien-être à se sentir vivre et penser dans un tel accord de sensations et de rêves, que je ne me rappelle pas avoir été plus satisfait de ma vie, et que je trouvais, moi aussi, la musique d'Aouïmer admirable.

Le lieutenant fumait gravement sa cigarette, la tête appuyée au mur; je voyais son grand front nu et poli, sa rude figure et ses yeux fermés comme s'il réfléchissait.

Je me penchai vers lui et je lui dis :

— A quoi pensez-vous?

— A rien, me répondit-il.

— Et que dites-vous de cette nuit?

— Je dis qu'on s'y habitue. Mon cher ami, reprit-il, si toutes les nuits où il a fait chaud, où j'ai veillé dehors, où je me suis trouvé à peu près bien, j'avais pensé à quelque chose, je serais devenu un trop grand philosophe pour un soldat.

Puis il interrompit Aouïmer pour lui dire :

— Mon petit Aouïmer, si tu dansais un peu?

Aouïmer passa sa flûte à son voisin, se voila la moitié du visage, depuis le menton jusqu'au nez, dénoua son écharpe de mousseline et la fit descendre sur ses pieds comme une robe; puis, prenant de chaque main un des bouts de son foulard, il se mit à danser.

La danse d'Aouïmer est exactement celle des femmes, avec certaines parodies dont les indulgents spectateurs parurent se divertir beaucoup.

Peu à peu cependant la pantomime se ralentit et les chants s'épuisèrent; quelques-uns de nos amis s'en allèrent, d'autres s'étendirent sur les bancs; Djeridi ronflait depuis longtemps en travers de la rue, touchant à la fois de la tête et des pieds le seuil de ses deux boutiques. La nuit devenait plus fraîche; on sentait courir dans l'air quelque chose de pareil à des frissons. Je regardai l'heure à ma montre, il était trois heures et demie.

— Allons dormir, me dit le lieutenant.

— Où ça? demandai-je.

— Sur la place, si vous voulez.

Et prenant dans la boutique de Djeridi une natte pour chacun de nous, nous allâmes achever notre nuit sur la place d'armes.

Juin 1853.

Le temps est magnifique. La chaleur s'accroît rapidement, mais elle ne fait encore que m'exciter au lieu de m'abattre. Depuis huit jours, aucun nuage n'a paru sur tout l'horizon. Le ciel est de ce bleu ardent et stérile qui fait penser aux longues sécheresses. Le vent, fixé à l'est et presque aussi chaud que l'air, souffle par intermittences le matin et le soir, mais toujours très faible, et comme pour entretenir seulement dans les palmes un doux balancement pareil à celui du *panka* indien. Depuis longtemps, tout le monde a pris les vestes légères, les coiffures à larges bords; on ne vit plus qu'à l'ombre. Je ne puis cependant me résoudre à faire la sieste; ce serait perdre un des plus beaux moments de la journée, et pour un médiocre plaisir, car ma chambre est décidément, de tous les lieux que je fréquente ici, le moins agréable à occuper, et cela, pour toutes sortes de raisons que je t'expliquerai un soir où je n'aurai rien de mieux à faire que de me plaindre. Bref, et quoi qu'on fasse autour de moi pour me conseiller les douceurs du repos à l'ombre, je m'y refuse, et n'en continue pas moins de vivre, avec les lézards, dans les sables, sur les hauteurs, ou de courir la ville en plein midi.

Les Sahariens adorent leur pays, et, pour ma part, je serais bien près de justifier un sentiment si passionné, surtout quand s'y mêle l'attachement au sol natal. Les étrangers, ceux du Nord, en font au contraire un pays redoutable, où l'on meurt de nostalgie, quand ce n'est pas de chaleur ou de soif. Quelques-uns s'étonnent de m'y voir, et, presque unanimement, on me détournait de m'y arrêter plus de quelques jours, sous peine d'y perdre mon temps, ma peine, ma santé et, ce qui est pis, tout mon bon sens. Au demeurant ce pays, très simple et très beau, est peu propre à charmer, je l'avoue, mais, si je ne me trompe, il est aussi capable d'émouvoir fortement que n'importe quelle contrée du monde. C'est une terre sans grâce, sans douceurs, mais sévère, ce qui n'est pas un tort, et dont la première influence est de rendre sérieux, effet que beaucoup de gens confondent avec l'ennui. Un grand pays de collines expirant dans un pays plus grand encore et plat, baigné d'une éternelle lumière; assez vide, assez désolé pour donner l'idée de cette chose surprenante qu'on appelle le désert; avec un ciel toujours à peu près semblable, du silence, et, de tous côtés, des horizons tranquilles. Au centre, une sorte de ville perdue, environnée de solitude; puis un peu de verdure, des îlots sablonneux, enfin quelques récifs de calcaires blanchâtres ou de schistes noirs, au bord d'une étendue qui ressemble à la mer; — dans tout cela, peu de variété, peu d'accidents, peu de nouveautés, sinon le soleil qui se lève sur le désert et va se coucher derrière les collines, toujours calme, dévorant sans rayons; ou bien des bancs de sable qui ont changé de place et de forme aux derniers vents du sud. De courtes aurores, des midis plus longs, plus pesants qu'ailleurs, presque pas de crépuscule; quelquefois, une expansion soudaine de lumière et de chaleur, des vents brûlants qui donnent momentanément au paysage une physionomie menaçante et qui peuvent produire alors des sensations accablantes; mais, plus ordinairement, une immobilité radieuse, la fixité un peu morne du beau temps, enfin une sorte d'impassibilité qui, du ciel, semble être descendue dans les choses, et des choses, avoir passé dans les visages.

La première impression qui résulte de ce tableau ardent et inanimé, composé de soleil, d'étendue et de solitude, est poignante et ne saurait être comparée à aucune autre. Peu à peu cependant, l'œil s'accoutume à la grandeur des lignes, au vide de l'espace, au dénûment de la terre, et si l'on s'étonne encore de quelque chose, c'est de demeurer sensible à des effets aussi peu changeants, et d'être aussi vivement remué par les spectacles, en réalité les plus simples.

Jusqu'à présent, je n'ai rien vu d'exagéré ni de violent qui réponde à l'idée extraordinaire qu'on se fait communément de ce pays. Il n'y a qu'un degré de plus dans la lumière; et le ciel, pour être plus limpide et plus profond qu'à Alger, ne m'a pas causé le moindre étonnement. C'est un ciel de pays sec et chaud, tout différent — j'insiste avec intention sur cette remarque, — de celui de l'Égypte, sol arrosé, inondé et chauffé tout à la fois, qui possède un grand fleuve, de vastes lagunes, où les nuits sont toujours humides, où la terre est en continuelle transpiration. Celui-ci est clair, aride, invariable; le contact des terrains fauves ou blancs, des montagnes roses, le maintien d'un bleu franc dans sa plus grande étendue; et quand il se dore à l'opposé du soleil couchant, la base est violette et à peine plombée. Je n'ai pas vu non plus de beaux mirages. Excepté pendant le sirocco, l'horizon se montre toujours distinct et se détache du ciel; il y a seulement une dernière rayure d'un bleu cendré qui, le matin, s'accuse vigoureusement, mais qui, dans le milieu du jour, se confond un peu avec le ciel, et qui semble trembler dans la fluidité de l'air. Vers le plein sud, dans la direction du M'zab et à une grande distance, on aperçoit une ligne inégale formée par des bois de tamarins. Un faible mirage, qui tous les jours se produit dans cette partie du désert, fait paraître ces bois plus près et plus grands; encore l'illusion est-elle peu frappante, et faut-il être averti pour s'en rendre compte.

C'est sur les hauteurs, le plus souvent au pied de la tour de l'Est, en face de cet énorme horizon libre de toutes parts, sans obstacles pour la vue, dominant tout, de l'est à l'ouest, du sud au nord; montagnes, ville, oasis et désert, que je passe mes meilleures heures, celles qui seront un jour pour moi les plus regrettables. J'y suis le matin, j'y suis à midi, j'y retourne le soir; j'y suis seul et n'y vois personne, hormis de rares visiteurs qui s'approchent, attirés par le signal blanc de mon ombrelle, et sans doute étonnés du goût que j'ai pour ces lieux élevés. C'est une sorte de plate-forme entourée de murs à hauteur d'appui, où l'on parvient, du côté de la ville, par une pente assez roide, encombrée de rochers, mais sans issue du côté sud, et d'où l'on tomberait presque à pic dans les jardins. A l'heure où j'arrive, un peu après le lever du soleil, j'y trouve une sentinelle indigène encore endormie et couchée contre le pied de la tour. Presque aussitôt, on vient la relever, car ce poste n'est gardé que la nuit. A cette heure-là, le pays tout entier est rose, d'un rose vif, avec des fonds fleur de pêcher; la ville est criblée de points d'ombre, et quelques petits marabouts blancs, répandus sur la lisière des palmiers, brillent assez gaiement dans cette morne campagne qui semble, pendant un court moment de fraîcheur, sourire au soleil levant. Il y a dans l'air de vagues bruits et je ne sais quoi de presque chantant qui fait comprendre que tous les pays du monde ont le réveil joyeux.

Alors, et presque à la même minute, tous les jours, on entend arriver du Sud d'innombrables chuchotements d'oiseaux. Ce sont les *gangas* qui viennent du désert et vont boire aux sources. Ils passent au-dessus de la ville, divisés par bandes, et, pour ainsi dire, par petits bataillons. Ils ont le vol rapide; on distingue le battement précipité de leurs ailes aiguës, et leur cri bizarre et tumultueux se ralentit ou s'accélère avec leur vol. J'éprouve une émotion véritable à reconnaître de loin leur avant-garde; je compte les légions qui se succèdent; il y en a presque toujours le même nombre; ils filent toujours dans le même sens, du sud au nord, et m'arrivent par la diagonale de la ville. Leur plume, colorée par le soleil, couvre un moment le ciel bleu de paillettes lumineuses; je les suis de l'œil du côté de Rass-el-Aïoun; je les perds de vue quand ils ont atteint la moitié de l'oasis, mais je continue souvent de les entendre, jusqu'au moment où la dernière bande est descendue à l'abreuvoir. Il est alors six heures et demie. Une heure après, les mêmes cris se réveillent tout à coup dans le nord; les mêmes bandes repassent une à une sur ma tête, dans le même ordre, en nombre égal, et, l'une après l'autre, regagnent leurs plaines désertes; cette fois seulement, au lieu de cesser brusquement, le bruit s'affaiblit, diminue, et par degrés s'évanouit dans le silence. — On peut dire que la matinée est finie; et la seule heure à peu près riante de la journée s'est écoulée entre l'aller et le retour des *gangas*. Le paysage, de rose qu'il était, est déjà devenu fauve; la ville a beaucoup moins de petites ombres; elle devient grise à mesure que le soleil s'élève; à mesure qu'il s'éclaire davantage, le désert paraît s'assombrir; les collines seules restent rougeâtres. S'il y avait du vent, il tombe; des exhalaisons chaudes commencent à se répandre dans l'air, comme si elles montaient des sables. Deux heures après, on entend sonner la retraite; tout mouvement cesse à la fois, et au dernier son du clairon, c'est le midi qui commence.

A cette heure-là, je n'ai plus à craindre aucune visite, car personne autre que moi n'aurait l'idée de s'aventurer là-haut. Le soleil monte, abrégeant l'ombre de la tour, et finit par être directement sur ma tête. Je n'ai plus que l'abri étroit de mon parasol, et je m'y rassemble; mes pieds posent dans le sable ou sur des grès étincelants; mon carton se tord à côté de moi sous le soleil; ma boite à couleurs craque, comme du bois qui brûle. On n'entend plus rien. Il y a là quatre heures d'un calme et d'une stupeur incroyables. La ville dort au-dessous de moi, muette et comme une masse alors toute violette, avec ses terrasses vides, où le soleil éclaire une multitude de claies pleines de petits abricots roses, exposés là pour sécher; — çà et là, quelques trous noirs marquent des fenêtres, des portes intérieures, et de minces lignes d'un violet foncé indiquent qu'il n'y a plus qu'une ou deux raies d'ombre dans toutes les rues de la ville. Un filet de lumière plus vive, qui borde le contour des terrasses, aide à distinguer les unes des autres toutes ces constructions de boue, amoncelées plutôt que bâties sur leurs trois collines.

De chaque côté de la ville s'étend l'oasis, aussi muette et comme endormie de même sous la pesanteur du jour. Elle parait toute petite, et se presse contre les deux flancs de la ville, avec l'air de vouloir la défendre au besoin, plutôt que l'égayer. Je l'embrasse en entier : elle ressemble à deux carrés de feuilles enveloppés d'un long mur, comme un parc, et dessinés crûment sur la plaine stérile. Bien que divisée par compartiments en une multitude de petits vergers, tous également clos de murs, vue de cette hauteur, elle apparait comme une nappe verte; on ne distingue aucun arbre, on remarque seulement comme un double étage de forêts ; le premier, de massifs à têtes rondes ; le second, de bouquets de palmes. De loin en loin, quelques maigres carrés d'orge, dont il ne reste plus aujourd'hui que le chaume, forment, parmi les feuillages, des parties rasées d'un jaune ardent; ailleurs, et dans de rares clairières, on voit poindre une terre sèche, poudreuse et couleur de cendre. Enfin, du côté sud, quelques bourrelets de sable, amassés par le vent, ont passé par-dessus le mur d'enceinte ; c'est le désert qui essaye d'envahir les jardins. Les arbres ne remuent pas ; on devine, dans l'épaisseur de la forêt, certaines trouées sombres où l'on peut supposer qu'il y a des oiseaux cachés, et qui dorment en attendant leur second réveil du soir.

C'est aussi l'heure, je l'avais remarqué dès le jour de mon arrivée, où le désert se transforme en une plaine obscure. Le soleil, suspendu à son centre, l'inscrit dans un cercle de lumière dont les rayons égaux le frappent en plein, dans tous les sens et partout à la fois. Ce n'est plus ni de la clarté, ni de l'ombre ; la perspective indiquée par les couleurs fuyantes cesse à peu près de mesurer les distances, tout se couvre d'un ton brun, prolongé sans rayure, sans mélange ; ce sont quinze ou vingt lieues d'un pays uniforme et plat comme un plancher. Il semble que le plus petit objet saillant y devrait apparaître, pourtant on n'y découvre rien ; même, on ne saurait plus dire où il y a du sable, de la terre ou des parties pierreuses, et l'immobilité de cette mer solide devient alors plus frappante que jamais. On se demande, en le voyant commencer à ses pieds, puis s'étendre, s'enfoncer vers le sud, vers l'est, vers l'ouest, sans route tracée, sans inflexion, quel peut être ce pays silencieux, revêtu d'un ton douteux qui semble la couleur du vide; d'où personne ne vient, où personne ne s'en va, et qui se termine par une raie si droite et si nette sur le ciel; — l'ignorât-on, on sent qu'il ne finit pas là et que ce n'est, pour ainsi dire, que l'entrée de la haute mer.

Alors, ajoute à toutes ces rêveries le prestige des noms qu'on a vus sur la carte, des lieux qu'on sait être là-bas, dans telle ou telle direction, à cinq, à dix, à vingt, à cinquante journées de marche, les uns connus, les autres seulement indiqués, puis d'autres de plus en plus obscurs : — d'abord, droit au plein sud, les *Beni-Mzab,* avec leur confédération de sept villes, dont trois sont, dit-on, aussi grandes qu'Alger, qui comptent leurs palmiers par cent mille et nous apportent leurs dattes, les meilleures du monde; puis les *Chambaa,* colporteurs et marchands, voisins du *Touat;* — puis le *Touat,* immense archipel saharien, fertile, arrosé, populeux, qui confine aux *Touareks;* puis les *Touareks,* qui remplissent vaguement ce grand pays de dimension inconnue dont on a fixé seulement les extrémités, *Tembektou* et *Ghadmes, Timimoun* et le

*Haoussa;* puis, le pays nègre dont on n'entrevoit que le bord; deux ou trois noms de villes, avec une capitale comme pour un royaume; des lacs, des forêts, grande mer à gauche, peut-être de grands fleuves, des intempéries extraordinaires sous l'équateur, des produits bizarres, des animaux monstrueux, des moutons à poils, des éléphants; et puis quoi? plus rien de distinct, des distances qu'on ignore, une incertitude, une énigme. J'ai devant moi le commencement de cette énigme, et le spectacle est étrange sous ce clair soleil de midi. C'est ici que je voudrais voir le sphinx égyptien.

On a beau regarder tout autour de soi, près ou loin, on ne distingue rien qui bouge. Quelquefois, par hasard, un petit convoi de chameaux chargés apparaît, comme une file de points noirâtres, montant avec lenteur les pentes sablonneuses; on l'aperçoit seulement quand il aborde aux pieds des collines. Ce sont des voyageurs; qui sont-ils? d'où viennent-ils? Ils ont traversé, sans qu'on les ait vus, tout l'horizon que j'ai sous les yeux. — Ou bien, c'est une trombe de sable qui tout à coup se détache du sol comme une mince fumée, s'élève en spirale, parcourt un certain espace inclinée sous le vent, puis s'évapore au bout de quelques secondes.

La journée est lente à s'écouler; elle finit, comme elle a commencé, par des demi-rougeurs, un ciel ambré, des fonds qui se colorent, de longues flammes obliques qui vont empourprer à leur tour les montagnes, les sables, les rochers de l'est; l'ombre s'empare du côté du pays que la chaleur a fatigué pendant l'autre moitié du jour; tout semble un peu soulagé. Les moineaux et les tourterelles se mettent à chanter dans les palmiers; il se fait comme un mouvement de résurrection dans la ville; on voit des gens qui se montrent sur les terrasses et viennent secouer les claies; on entend des voix d'animaux sur les places, des chevaux qu'on mène boire et qui hennissent, des chameaux qui beuglent; le désert ressemble à une plaque d'or; le soleil descend sur des montagnes violettes, et la nuit s'apprête à venir.

Quand je rentre, après une journée passée ainsi, j'éprouve comme une certaine ivresse causée, je crois, par la quantité de lumière que j'ai absorbée pendant cette immersion solaire de plus de douze heures, et je suis dans un état d'esprit que je voudrais te bien expliquer.

C'est une sorte de clarté intérieure qui demeure, après le soir venu, et se réfracte encore pendant mon sommeil. Je ne cesse pas de rêver de lumière; je ferme les yeux et je vois des flammes, des orbes rayonnants, ou bien de vagues réverbérations qui grandissent, pareilles aux approches de l'aube; je n'ai, pour ainsi dire, pas de nuit. Cette perception du jour, même en l'absence du soleil, ce repos transparent traversé de lueurs comme les nuits d'été le sont de météores, ce cauchemar singulier qui ne m'accorde aucun moment d'obscurité, tout cela ressemble beaucoup à la fièvre. Pourtant je ne ressens aucune fatigue; je devais m'y attendre, et je ne m'en plains pas.

La nuit, fin de juin 1853.

Cher ami, j'ai eu peur aujourd'hui, car, pendant une heure, je me suis cru aveugle. Est-ce la suite des derniers jours du soleil? Faut-il m'en prendre au vent du désert qui souffle depuis trois fois vingt-quatre heures sans relâche et qui met du feu dans le sang? Est-ce fatigue de l'œil, fatigue de tête? De tout un peu, je crois.

J'étais sur une terrasse au-dessus de l'oasis, en vue du désert, au plein sud, peignant malgré le vent, malgré le sable, malgré les dalles qui me brûlaient les pieds, les murs qui me brûlaient le dos, ma boîte à couleurs qui ne tenait pas sur mes genoux, peignant, comme tu te l'imagines, avec des couleurs à l'état de mortier, tant elles étaient mêlées de sable.

J'ai commencé par voir tout bleu, puis j'ai vu trouble; au bout de cinq minutes, je ne voyais plus du tout. — Le désert était extraordinaire; à chaque instant une nouvelle trombe de poussière passait sur l'oasis et venait s'abattre sur la ville; toute la forêt de palmiers s'aplatissait alors comme un champ de blé.

J'attendis un quart d'heure, toujours assis, les yeux

fermés pour essayer l'effet d'un peu de repos; et ne faisant plus qu'entendre le bruit sinistre du vent dans cette masse de feuilles et de palmes. Ce temps passé, j'ouvris les yeux; j'étais décidément presque aveugle; à peine me resta-t-il assez de vue pour fermer ma boîte, descendre, en me cramponnant, l'escalier en ruines et rentrer chez moi pour ainsi dire, à tâtons.

En reconnaissant mon pas dans la cour, mon cheval se mit à hennir. Mon domestique français, couché dans l'écurie, malade depuis trois jours et accablé par ce temps funeste, me cria : Est-ce vous, Monsieur? — Oui, c'est moi, lui dis-je, ne bougez pas. — Quant à Ahmet, il est absent par congé jusqu'à demain.

En cet état d'abandon, ma maison me parut lugubre. J'entendis, en entrant dans ma chambre, l'insupportable bourdonnement des mouches et le bruit de souris qui s'enfuyaient autour de moi. Il y faisait une chaleur asphyxiante; je pris mon couteau, et je fendis toutes mes vitres de toile; puis, je n'eus que la force de me jeter sur ma sangle, en pensant que c'était tant pis pour moi. J'entendis vaguement les sonneries de six heures; ce fut à peine si je m'aperçus que le jour baissait, et je finis par m'endormir.

Je viens de m'éveiller, et après de longs efforts, j'ai allumé ma bougie. J'y vois. Il me reste encore un poids énorme au cerveau, comme si ma tête avait doublé de volume; mais la peur est passée, je puis en rire et te l'avouer.

Il est onze heures. J'ai bouché, tant bien que mal, mon châssis crevé, pour arrêter le vent qui continue ; j'écris sur mes genoux, à la lueur de ma bougie qui se tourmente et fait courir des ombres folles sur les murs blancs de ma chambre. Jamais, depuis un mois que je l'habite, je ne l'ai trouvée si bizarre ; le mur est tapissé de mouches du haut en bas ; mes pantalons de couleur claire, mes vestes de toile, mon chapeau de paille, pendus à des piquets, en sont couverts ; on les dirait soutachés de broderies noires. Le mouvement de l'air et ma bougie allumée les inquiètent, et je les vois se mouvoir sur place, mais heureusement sans voler. Je m'amuse à compter les souris qui passent, allant et venant de ma caisse à papier à mes cantines, de mes cantines à mon oreiller plein de paille d'*alfa*.

J'entends dans ma toiture des bruits plus inquiétants que de coutume, car il semble que toutes les bêtes nocturnes dont elle est peuplée soient mises en émoi par l'ouragan. Ce sont de faibles cris pareils à ceux des souris, mais plus doux, que je reconnais pour appartenir à de petits animaux de la famille des *sauriens,* qu'on appelle ici des *tarentes ;* d'autres soupirs encore plus plaintifs et d'une douceur particulièrement sinistre, me font craindre, pour cette nuit, des visiteurs moins inoffensifs. Depuis les grandes chaleurs, les serpents ont envahi les maisons. J'ai tué l'autre jour, devant ma porte, un reptile jaune à rayures noires, d'une espèce très douteuse ; on l'appelle ici *guern-ghzel* (cornes de gazelles) à cause de la ressemblance des taches avec des petites cornes recourbées; et Ahmet m'a prévenu qu'il en avait vu un de la même espèce et plus grand s'introduire dans la terrasse.

Quant aux *tarentes*, je les redoute un peu moins, quoiqu'elles me causent encore, même après un mois de connaissance, un insurmontable dégoût. Ce sont de petits lézards plats, larges, jaunâtres, visqueux, qu'on dirait transparents, avec une tête triangulaire, des yeux clairs, beaucoup plus laids que les salamandres que tu connais. Toute la nuit, elles courent la tête en bas, collées aux poutrelles de palmier du plafond, faisant pleuvoir le sable, se poursuivant d'un soliveau sur l'autre; j'assiste à leurs jeux, et je suis témoin de luttes qui, soit dit en passant, ressemblent beaucoup à des amours.

Je viens de m'interrompre, ne pouvant résister à l'envie de leur donner la chasse. Il y en avait deux, peut-être un couple, qui s'étaient aventurées jusqu'à moitié hauteur du mur, et qui là, la tête inclinée vers moi, semblaient se demander ce que j'allais faire si elles descendaient un peu plus bas. D'un coup de pique appliqué à plat, je les ai fait tomber toutes les deux, mortes ou à peu près. Une minute après, elles n'étaient plus là; j'aperçus seulement une souris qui fuyait, traînant quelque chose de lourd, qu'elle avait de la peine à tirer.

Je ne te parle pas des chauves-souris qui profitent, pour entrer chez moi, du moindre petit moment où la tenture demeure ouverte; celles-là, j'en suis quitte pour les mettre à la porte à grands coups de palmes.

Je me console en pensant que plus tard tout cela me paraîtra peut-être assez drôle.

Quand, par hasard, je fais la revue de mon carton, et qu'au milieu d'un fouillis de croquis informes, je vois ce petit nombre de figures à peu près *rendues*, les seules qui me soient d'un renseignement utile, je me désespère. Tu me demandes si je trouve ici plus de bonne volonté qu'à Alger, et si je puis enfin mettre la main sur des modèles. Hélas! mon ami, voici la liste des dessins que j'ai faits chez moi ou ailleurs à peu près posément, tu les reconnaitras : le chasseur borgne; Ya-Hia, rentré dans ses habitudes de ville, marié et toujours soigné, parfumé, taciturne et soumis; un petit juif, exempt des préjugés arabes; un désœuvré raccolé dans la rue, emmené presque de force, et qui m'a fait entendre qu'on ne l'y reprendrait plus, n'importe à quel prix; enfin, le fils bouffi du Bach-Amar, qui n'est pas encore parti pour le M'zab, et qui abuse de ma générosité. Toutes complaisances d'amis, comme tu le vois. Le reste, je l'ai fait, pour ainsi dire volé dans les rues où ces gens-là posent alors sans le vouloir.

Quant aux femmes, démarches, pourparlers, raisonnements, rien ne réussit; et quand on voit que l'argent n'a pas prise sur elles, on peut être sûr que toute autre tentative échouera.

En désespoir de cause, je fais agir les plus vilains drôles du pays auprès des femmes présumées les plus complaisantes. Elles acceptent tout, jusqu'au moment où comprenant mieux ce dont il s'agit, leur pudeur se révolte, un peu tard, si tu veux, et mal à propos; mais c'est ainsi qu'elles l'entendent.

L'autre jour j'ai été éconduit, de manière à ne pas insister, d'une maison de la basse ville où, pour mon coup d'essai, je m'étais aventuré en personne. Par hasard la femme était jolie, ou belle si tu veux; car le beau est plus contestable, et peut, aux yeux de certaines gens, paraître laid, ce qui est précisément le cas de la femme dont je parle.

Elle appartient à un M'zabite, mercier dans la rue des Marchands. Il entra tout à coup, essoufflé comme s'il avait couru.

— Ce n'était pas la peine de courir, lui dit le lieutenant. Il ne répondit pas, se donna l'air de sourire; mais il nous fit un salut trop court et s'assit en face de nous, nous regardant avec des yeux veinés de rouge et promenant ses doigts carrés dans sa large barbe en éventail.

Au bout d'un instant le lieutenant me dit :

— Ce gueux-là m'agace, allons-nous-en, et qu'il nous laisse tranquilles.

Depuis je l'ai surpris en conversation très animée avec Ahmet. Ils se turent en m'apercevant. Le soir, je demandai à Ahmet :

— Est-ce que tu connais Karra, le marchand?

Ahmet alors m'expliqua qu'il avait son père à El-Biod, avec des tentes et beaucoup de troupeaux ; que son père était riche et lui envoyait de l'argent ; qu'il tenait peu à celui que je lui donnais, et que s'il était entré à mon service, c'est qu'il aimait à vivre avec les Français ; qu'ayant reçu une certaine somme, il était en affaire avec Karra, et qu'il allait prendre un intérêt dans son commerce ; mais qu'ils n'étaient pas d'accord sur les conditions ; et que je les avais trouvés occupés d'en discuter.

Puis, quand je lui parlai de la femme, il rapprocha ses cinq doigts, les mit au niveau de sa bouche, comme s'il soufflait dessus ; et par ce geste indescriptible qui veut dire à peu près : C'est beaucoup ; ou : Que me dites-vous là ! il me fit comprendre que je ne devais plus y penser.

Au fond, je soupçonne Ahmet d'être contre moi et de trahir directement mes intérêts. Quant à ce qu'il m'a dit de sa fortune paternelle, je n'en crois pas le premier mot, et je lui ai dit :

— Si tu as des rentes, tu devrais bien t'acheter un burnouss et ne pas coucher toutes les nuits dans le mien.

Ce qu'il y a de plus clair dans tout cela, c'est que je

suis signalé à la surveillance des maris, et qu'on épie tous les pas que je fais dans la ville.

1ᵉʳ juillet 1853.

Nous voilà en pleine canicule. Le thermomètre donne à l'ombre sur ma terrasse, au nord, un maximum soutenu de 44°, de neuf heures du matin à quatre heures du soir. Les nuits ne sont guère plus fraîches. Après les grands vents des jours derniers, nous sommes entrés dans des calmes plats, et les nuages se sont dissipés d'eux-mêmes comme un rideau de gaze blanche qui se serait peu à peu replié du sud au nord. Pendant un jour encore, on les aperçut roulés sur le *Djebel-Lazrag*. Le lendemain, nous nagions de nouveau dans le bleu.

La canicule, compliquée du Rhamadan, semble avoir ôté le peu de forces et le peu de sang qui restaient aux pâles habitants d'El-Aghouat. On ne rencontre plus, le jour, que des visages maigres, des teints sans vie; on se traîne entre deux coups de soleil, de l'ombre à l'ombre. Aouïmer est malade. Djeridi ne quitte plus le pavé de sa boutique; à peine laisse-t-il sa porte entre-bâillée, comme pour prouver qu'il n'est pas mort. Mais on a beau le secouer, il ne bouge pas, et quand on lui dit : Eh bien ! Djeridi, et le café? il montre son fourneau éteint depuis le matin, ses bidons vides, ses tasses rangées sur l'étagère, et répond : *Makan,* il n'y en a plus.

En temps ordinaire, on dort quatre heures; aujourd'hui, tout homme qui jeûne s'autorise de son abstinence pour dormir douze heures.

Je me réveille avant l'aube, au *fedjer*. Un peu après, je sens comme une secousse dans mon lit, et j'entends le coup de canon qui annonce le point du jour; à cette minute-là commence le jeûne, jeûne absolu, comme tu sais, car on ne peut ni manger, ni fumer, ni boire; les voyageurs seuls ont une dispense, à la condition de faire à certains marabouts autant d'aumônes qu'ils ont bu de fois.

A ce moment-là même, je suis sûr de voir entrer Ahmet, mâchant encore sa dernière bouchée, et tenant une gamelle pleine d'eau; il a l'air satisfait, quoique éreinté par ses excès de la nuit.

Le soir, la ville est suspendue dans l'attente du canon de sept heures; et nous croyons remarquer que tous les jours il avance de quelques minutes, bien que nous soyons à huit jours à peine du solstice.

On ne sait plus à qui parler, ni que faire de ces gens-là, soit qu'ils festoient ou qu'ils jeûnent, la nuit comme le jour, on les dirait en dévotion.

Il me prend des envies de m'arracher à cette universelle torpeur. Peut-être, avant huit jours, me mettrai-je en course, pour l'Est d'abord, ensuite pour l'Ouest. Je t'ai promis de ne pas quitter le pays sans voir Aïn-Mahdy, et je tiendrai ma parole. La route est sûre, et je ne me consolerais pas de laisser à vingt lieues de moi la ville sainte de *Tedjini,* sans y faire, moi aussi, mon pèlerinage.

Juillet 1853.

Il y a deux jours, à la nuit close, le lieutenant me dit :

— Que faisons-nous, ce soir?
— Ce que vous voudrez.
— Où allons-nous?
— Où vous voudrez.

Tous les soirs, c'est la même demande et la même réponse, faites toutes les deux dans les mêmes termes. Puis, sans rien résoudre, il se trouve que l'ennui de chercher du nouveau, la pente de l'habitude, souvent la soif, nous mènent soit chez Djeridi, soit dans un petit café peu connu où nous avons découvert la meilleure eau qu'on boive ici, c'est-à-dire une eau claire, sans mauvais goût, sans magnésie, et renouvelée deux fois par jour par des bidons d'une propreté satisfaisante.

Ce soir-là, je ne sais comment il arriva qu'au lieu de nous arrêter chez Djeridi, nous passâmes, et que de détours en détours, allant toujours devant nous, nous nous trouvâmes à la porte des Dunes.

— Tiens, me dit le lieutenant, en aspirant une faible bouffée de brise qui venait de l'est, il y a de l'air de ce côté.

Cinq minutes après, nous étions, sans nous en

douter, dans les dunes. Quelqu'un nous croisa ; c'était le chasseur d'autruches qui regagnait la ville, une pioche à la main.

— D'où viens-tu? lui demanda le lieutenant.

— De mon jardin, répondit le borgne, qui passa sans plus attendre.

— Remarquez qu'il n'a pas plus de jardin que moi, me dit le lieutenant.

Quoiqu'en dehors de la ville, il faisait cruellement chaud, et nous étions sans veste et nu-tête, n'ayant rien à craindre d'un air aussi sec que la terre. Nous avions de la peine à nous tirer du sable, et nous cheminions bras dessus, bras dessous, habitude apportée des trottoirs de Paris, et que le lieutenant a adoptée par complaisance. Il n'y avait pas un mouvement de feuilles sur toute la ligne des jardins que nous suivions à droite ; pas un bruit sur toute la corniche de collines qui dominaient à gauche la longue dune de sable uni où nous marchions sans entendre le bruit de nos pas, comme dans la neige.

Cependant, le terrain devint solide ; nous dépassâmes les jardins ; nous traversâmes, sans y prendre garde, le lit de l'Oued-M'zi, et ce ne fut qu'en remontant les premiers mouvements de sable de l'autre rive, que je reconnus à cinquante pas devant nous la forme étrange, surtout à pareille heure, du rocher aux chiens.

Je t'ai dit que les chiens avaient émigré le jour

même du siège. Depuis lors, on n'a pu ni les faire rentrer, ni les expulser tout à fait du pays. Tant qu'ils ont eu de quoi manger autour du champ de bataille ou dans les cimetières, on était tranquille; aujourd'hui, pour un rien, ces bêtes, redevenues sauvages, attaqueraient les passants, comme les loups l'hiver.

Ils sont logés dans des rochers au nord et à l'est, surtout un peu au delà des dunes, dans un fragment de collines hérissées de schistes difformes et noirs comme de la houille.

On les voit de loin allant et venant sur le couronnement des rochers, galopant sur la pente de sable jaune, pour descendre vers l'angle le plus rapproché des jardins, ou remontant comme des gens qui rentrent chez eux. Presque toujours, ils ont plusieurs sentinelles établies en avant de la colline dans le lit à sec de l'Oued. Du point où souvent je vais m'asseoir, je les distingue accroupis, l'oreille droite et surveillant d'un air farouche les approches désertes de leur citadelle. Par moments, on entend là-dedans des luttes effroyables; on voit le sable qui vole; puis c'est un tumulte de points fauves agglomérés tout à coup sur une roche noire; il en sort de partout; et les sentinelles elles-mêmes accourent pour se mêler au combat.

La nuit, ils battent la campagne, faisant la ronde autour des jardins, chassant dans les enclos, déterrant ce qu'ils trouvent, et depuis la tombée du jour jusqu'au matin, poussant des aboiements de meute qu'on est tout étonné d'entendre de la ville.

— Ils sont en chasse, dit le lieutenant; écoutez : les voilà qui font le tour par *Bab-el-Chettet*.

En effet, des cris lointains nous arrivaient par-dessus l'oasis; la meute était déjà à une demi-lieue de son chenil. A peine en vîmes-nous deux ou trois en retard filer à notre approche à toutes jambes, et sans plus de bruit que des chacals.

— Dans tous les cas, reprit le lieutenant, avec cela je réponds de vous. Il me montrait une canne énorme, d'un bois noueux, poli, verdâtre, cueillie je ne sais où, qui doit dater de fort loin et qu'il ne quitte jamais, sinon pour se mettre en tenue.

Nous continuâmes de monter. Arrivés à mi-côte et après avoir hésité entre le sable et le rocher, nous nous décidâmes pour un siège de pierres, trouvant le sable trop chaud, et nous nous assîmes, avec regret de ne pouvoir nous étendre.

A cette hauteur, nous aurions pu nous croire entourés de sable. L'oasis se dressait en noir à quelques cents mètres de nous; au delà régnait une ligne grisâtre représentant l'épaisseur des collines et de la ville, de même couleur que le ciel, mais au-dessus de laquelle seulement commençaient les étoiles. La nuit était si tranquille qu'on entendait distinctement les grenouilles chanter dans le marais de Rass-el-Aïoun.

La voix des chiens continuait, en s'éloignant de minute en minute.

— A la bonne heure, dit le lieutenant; voilà qui, de temps en temps, nous vaudra mieux que le cabaret.

C'est une brave et bonne nature que le lieutenant N... Un esprit bien fait, clair, exact, rigide, peu sentimental, et au fond très sensible, quoi qu'il en dise; assujetti volontairement, plus encore que discipliné, et auprès duquel il est aussi agréable de parler quand il vous écoute, que de se taire quand il veut bien parler.

Ce soir-là, il avait repris une longue histoire interrompue dix fois, dix fois recommencée depuis un mois, et qui, tôt ou tard, finira, je l'espère, par une confidence.

Tout à coup, il me toucha le bras et me dit :

— Ne bougez pas, je vois là quelque chose de louche.

Il se leva, me laissa sa veste, prit son bâton, et fit rapidement quelques pas en avant.

A ce moment, je vis apparaître la forme d'un homme habillé de blanc, portant sur la tête un objet semblable à un gros pavé.

Le lieutenant s'était arrêté, et presque aussitôt je l'entendis crier d'une voix tranquille :

— *Ache-Koun?* — Qui est là?

— C'est moi, lieutenant, répondit de même en arabe une voix que je reconnus

Après quelques minutes de conférence, le lieutenant revint près de moi.

— C'est Tahar, me dit-il ; le pauvre diable s'imagine avoir retrouvé son fils ; parce qu'avec des débris humains méconnaissables, il a ramassé des loques et un ceinturon qu'il prétend avoir reconnu. Il a enterré le tout ensemble dans le sable, et de temps en temps il revient ici, à ce qu'il paraît, pour voir si les chiens n'ont pas dérangé le trou. Laissons-le faire et allons plus loin, car nous le gênerions.

— Tiens, reprit-il tout à coup, le borgne aura aidé à cacher son neveu ; il est encore plus sournois que je ne croyais.

Le lendemain matin, je retrouvai le *gardien des eaux* à sa place accoutumée, son sablier sur les genoux, sa corde à nœuds passée dans les doigts.

Juillet 1853.

On s'étonne peut-être de ne plus me voir ni dans les rues, ni à la fontaine, car j'ai tout à fait changé mes habitudes. Aussitôt le jour venu, je me glisse dans les jardins, soit au nord, soit au sud, suivant la direction du vent, quand il en fait, ce qui est de plus en plus rare. J'y suis à l'ombre, à l'abri des mouches ; et de midi à trois heures, j'y puis dormir sous les figuiers, étendu sur une terre poudreuse et molle, à défaut d'herbes.

Malheureusement, l'oasis ressemble à la ville; elle est resserrée, compacte, sans clairières, et subdivisée à l'infini. Chaque enclos est entouré de murs, et de murs trop élevés pour que la vue s'étende de l'un dans l'autre. Il en résulte qu'une fois enfermé dans un de ces jardins, on est enfoui dans de la verdure, avec quatre murs gris pour horizon. Tous ces petits vergers contigus, au-dessus desquels on voit se déployer, comme une multitude de bouquets verts, quinze ou dix-huit mille dattiers, sont traversés par un système bizarre de ruelles, formant comme un jeu de patience, avec une ou deux issues pour ce vaste labyrinthe, et dont il faut posséder la clef sous peine de ne pouvoir en sortir autrement qu'en retrouvant l'entrée. Souvent, dans la partie arrosée par l'Oued, le ruisseau coule au fond des rues; on doit alors suivre le lit de la rivière dans l'eau jusqu'à mi-jambe ou se promener à dos d'homme, comme je l'ai fait sur le dos d'Ahmet un jour qu'il m'y avait égaré. Ces ruelles inondées servent à certains endroits de lavoir; ailleurs, on rencontre des touffes de lauriers-roses presque aussi hautes que les murs et qui ont poussé dans le joint des pierres, pareilles à d'énormes gerbes de fleurs qu'on aurait mis tremper dans l'eau. Chaque enclos s'ouvre, soit sur la rue, soit sur le jardin voisin, par une porte de deux ou trois pieds de haut, barricadée de *djerid* ou seulement barrée au moyen de deux traverses, et sous laquelle on passe à genoux.

On n'y voit ni oliviers, ni cyprès, ni citronniers, ni orangers ; mais on est surpris d'y trouver beaucoup des essences d'Europe, pêchers, poiriers, pommiers, abricotiers, figuiers, grenadiers, puis des vignes, et dans de petits carrés cultivés, la plus grande partie des légumes de France, surtout des oignons.

Si tu te souviens des jardins de l'Est, dont je t'ai parlé, si tu revois encore, comme moi, les vastes perspectives de Bisk'ra, la lisière du bois allant expirer dans les sables, sans mur d'enceinte, et faute de terre et d'eau ; les derniers palmiers engloutis jusqu'à moitié du tronc ; puis les clairières avec les moissons, les pelouses vertes ; les étangs de T'olga dormants et profonds avec la silhouette renversée des arbres dans une eau bleue ; puis au loin, presque partout, et pour enfermer cette Normandie saharienne, le désert se montrant entre les dattiers ; peut-être trouveras-tu, comme moi, qu'il manque quelque chose à ce pays pour résumer toutes les poésies de l'Orient.

Aussi, faute de mieux, je prends ces petits jardins comme autant de retraites, et tous ces arbres comme des parasols mouvants.

Juillet 1853.

Ce soir, en rentrant pour préparer mon bagage (car c'est décidément demain que je me mets en course), je n'entendis rien résonner au fond de la cantine où j'avais déposé mon argent ; et l'ayant vidée, je reconnus qu'on m'avait volé; mais, si bien volé, qu'il ne restait que cinq francs cachés entre deux tablettes de chocolat. Nous nous regardâmes, le lieutenant et moi; il me dit :

— C'est bien, ne perdons pas de temps et venez sur la place, où vous m'attendrez.

Au même instant, mon domestique Ahmet arrivait, montant l'escalier quatre à quatre; il put voir la cantine vide et mon linge étalé par terre. Nous sortîmes tous trois.

Dans la rue, le lieutenant me dit :

— Maintenez-le près de vous pendant trois minutes, et s'il veut fuir, saisissez-le ou appelez.

Ahmet mâchonnait une cigarette, tout en fredonnant un petit air; il avait le bras passé dans l'ouverture de son burnouss; il me regardait du coin de l'œil, et je faisais de même. Il n'y avait que peu de monde sur la place, car la nuit tombait. J'hésitais à m'emparer de lui sur un simple soupçon.

Trois minutes après, le lieutenant revint et me cria :

— Qu'en avez-vous fait?

Je me retournai : Ahmet n'était plus là.

— J'étais bien sûr que c'était lui, me dit le lieutenant.

Nous reprîmes la ruelle en courant. A deux pas de ma porte, il y a un détour, puis un second, puis un troisième; arrivés au bout du zigzag nous avions, —

à droite la rue qui conduit au Dar-Sfah; et, devant nous, un couloir profond, plein d'eau, menant directement vers le Sud entre les jardins; un Arabe tout nu y lavait son linge.

— As-tu vu quelqu'un passer en courant, avec une veste rouge et son burnouss autour du bras?

— Oui, dit l'Arabe en montrant le fond du canal, il s'en va par là, il est entré dans l'eau et il court.

— Laissez-le faire, me dit le lieutenant; il va se cacher pour la nuit dans les jardins; demain, au jour, on le trouvera.

— Mais s'il n'attend pas le jour pour aller plus loin?

— Où diable voulez-vous qu'il aille? A moins qu'il ne prenne par El-Assafia, et il ne s'y risquera pas; il a à choisir entre deux, ou quatre, ou six jours de marche, pour trouver une datte à manger. Vous savez bien qu'on ne sort pas d'ici comme on veut, et que, quand on voyage, il faut emporter de quoi vivre.

Cependant, on prit quelques mesures; on lança deux cavaliers sur le contour de l'oasis, on commanda une patrouille de nuit. Pendant ce temps nous allâmes, à tout hasard, faire une perquisition dans quelques maisons de la basse ville, où nous pensions qu'Ahmet avait des intelligences.

— J'ai interrogé le cafetier, me dit le lieutenant;

Ahmet a passé la nuit dernière au café; il avait sa djebira pleine d'argent; il a régalé tous ses amis, en disant que cette fortune venait des moutons de son père.

— Très bien, dis-je, je connais l'histoire, et j'aurais dû en prévoir la fin.

Nos démarches dans la basse ville causèrent beaucoup d'effroi, mais n'aboutirent à rien. Les hommes étaient absents; les jeunes femmes effrayées s'enfuyaient, sans vouloir répondre; les vieilles demandaient grâce, comme si nous les eussions menacées du supplice.

— L'enquête est nulle, dis-je au lieutenant, attendons à demain.

Deux heures après, vers dix heures, nous passions devant ma porte, lorsque nous vîmes une forme blanche se détacher du mur et, précipitamment, se retirer sous la voûte.

— Qui est là? criâmes-nous ensemble, et nous fîmes deux pas en avant, les bras étendus. Personne ne répondit. Il faisait si noir sous le porche, qu'on ne voyait pas même l'issue donnant sur la cour. Tout à coup le lieutenant me dit

— Je le tiens. Il venait, en tâtonnant dans l'ombre, de saisir un burnouss. Il y eut une seconde de silence, pendant laquelle mon ami poussa une sorte de cri très aigu qui fit résonner la voûte et alla retentir jusque sur la place. L'inconnu ne soufflait mot et s'était collé contre la muraille.

— Veux-tu bien parler? Qui es-tu? reprit le lieutenant, dont la main remontant le long du corps avait pris l'homme à la gorge.

— Je suis Ahmet, répondit enfin une voix étranglée; et presque aussitôt :

— Lâche-moi, mon lieutenant, ou je te tue.

A peine eut-il achevé, que je vis quelque chose passer devant moi; et Ahmet alla rouler dans la rue, lancé par un coup de poing prodigieux. Le lieutenant ne fit qu'un bond, et, lui appuyant son bâton sur la poitrine lui dit tranquillement :

— Tu as eu tort de menacer, tu gâtes ton affaire.

Presque au même instant, quelqu'un arrivait, courant à perdre haleine; c'était le robuste Moloud qui avait entendu l'appel de son maître.

— Pauvre Ahmet, soupira Moloud en considérant la funeste folie de son ami, allons, viens; et il l'entraîna. Sur la place, cependant, il y eut une petite scène de résistance, dans laquelle Moloud, à son grand regret, fut obligé de se montrer sévère. Il n'en continua pas moins de répéter : « Pauvre Ahmet! de sa voix de mulâtre, une singulière voix qui s'adoucit jusqu'à devenir des plus tendres quand ce mauvais musulman cède à sa passion pour la liqueur. En un moment, la nouvelle avait fait le tour des cafés, et quand notre prisonnier arriva chez Djeridi, une certaine foule arrivait sur nos pas. L'interrogatoire eut lieu séance tenante et dans la rue. Ahmet nia d'abord qu'il eût volé, puis il avoua seulement une partie de la somme.

— Où as-tu mis l'argent? lui demandai-je.

— Viens, me dit-il, on va te le remettre.

Et il nous conduisit chez Karra, ce qui me surprit médiocrement d'après les soupçons que j'avais sur lui.

L'œil du M'zabite s'anima d'une singulière expression quand il nous vit paraître devant sa petite échoppe, et qu'Ahmet lui-même lui dit :

— Donne l'argent.

Il regarda d'abord la force assez imposante qui entourait son futur associé; puis, après quelques minutes d'hésitation pendant lesquelles je reconnus son vilain sourire et j'entrevis des rancunes d'amant sous la cupidité du recéleur, il allongea la main vers le fond de sa boutique, y prit une vieille *darbouka* pleine de chiffons, en tira comme avec effort une chaussette en laine, et enfin vida la bourse sur la banquette. C'était à peu près la moitié de l'argent volé; le reste avait payé magnifiquement deux ou trois joyeuses nuits de Rhamadan.

Quant à Ahmet, il était fort pâle, et son regard assez doux d'habitude se fixa sur moi d'une façon haineuse. Mouloud, qui ne l'avait pas lâché, lui dit amicalement :

— Qu'avais-tu besoin de voler?

— L'argent était devant moi, je l'ai pris, répondit Ahmet; c'était écrit.

Et il se laissa emmener.

— Combien croyez-vous qu'on lui fasse donner de coups de bâton? demandai-je au lieutenant.

— Oh! pas beaucoup, mais il faut qu'ils soient bons; je dirai qu'on en charge Moloud.

Ce petit incident, qui me sépare d'un domestique que j'aimais, m'a fait réfléchir. Avec des valets fatalistes, les négligences sont dangereuses; et je me suis promis, à l'avenir, de ne plus tenter personne.

# III

## TADJEMOUT-AIN-MAHDY

Aïn-Mahdy. — Vendredi, juillet 1853

Mercredi, dans la matinée, le commandant nous donnait nos passeports, sous forme de deux petits carrés de papier écrits de droite à gauche, pliés et cachetés à l'arabe; l'un adressé au caïd de *Tadjemout*, l'autre au caïd d'*Aïn-Mahdy*. Il nous autorisait en outre à prendre deux cavaliers d'escorte, à notre choix.

— Prenons Aouïmer, me dit le lieutenant, il nous amusera, et son ami, le grand *Ben-Ameur*, qui dort toujours, il ne nous ennuiera pas. Et maintenant allons boire, en attendant que la chaleur soit tombée.

La chaleur ne tomba point de tout le jour. A quatre heures, il y avait encore 46 degrés à l'ombre et 66 au soleil. Nous achevions une orangeade, étendus dans une cour sombre couverte d'un velarium en poil de chèvre noir. Nos chevaux attendaient tout sellés depuis midi, et nous n'avions encore, ni guide pour nous conduire, ni mulet pour porter nos bagages.

De quatre heures à six, on trouva le mulet. C'était un petit animal de couleur isabelle, menu, fringant, dont il fallut bander les yeux pour parvenir à le bâter. Il portait, outre nos cantines, une tente avec ses montants, le sac aux piquets, les bidons, deux outres, une gamelle. L'énorme *Moloud* s'offrit pour le conduire, mais à la condition de le monter; proposition inacceptable, car il l'aurait écrasé. Il y avait du monde sur la place où se faisaient nos préparatifs; on nous regardait partir.

— Dis donc, petit, es-tu allé à Aïn-Mahdy? demanda le lieutenant à un gamin de douze ans qui se trouvait là.

— Oui, Sidi, répondit l'enfant.

— Tu connais le chemin?

— Oui.

— Alors, en route, dit le lieutenant.

Et, prenant l'enfant par le milieu du corps, il le souleva de terre, le posa sur le sommet de la charge, un pied sur chaque cantine, et lui remit en main la longe du mulet; puis il enfourcha lestement sa grande jument jaune, à selle turque; j'en fis autant de mon cheval; nos deux spahis, en selle depuis une heure, avaient déjà pris la tête.

— Maintenant, va devant, dit-il au petit, qui ne s'attendait guère à être du voyage; tu auras des pommes, plus un franc par chaque journée de marche. Comment t'appelles-tu?

— Ali.

— Fils de qui?

— Ben-Abdallah-bel-Hadj.

— Où demeures-tu?

— Bab-el-Chettet.

— Ya, Moloud! cria le lieutenant à son robuste serviteur, va chez Abdallah-bel-Hadj, Bab-el-Chettet, préviens-le que le lieutenant N... emmène son fils à Aïn-Mahdy.

— Lui dirai-je pour combien de temps? demanda Moloud.

— C'est inutile; dis qu'on aura soin de lui.

Et notre petit convoi se mit en marche par la rue des Marchands. Elle était déjà déserte; toutes les ruelles l'étaient de même. A travers les portes, on devinait des préparatifs extraordinaires et des odeurs inaccoutumées de viandes rôties qui prouvaient que le jeûne allait finir et qu'on n'attendait plus que le dernier signal du canon pour entrer à pleine bouche dans les réjouissances du *Baïram, aïd-el-seghir, petite fête,* qui suit le Rhamadan.

— Et nous qui les emmenons à un pareil moment! pensais-je en voyant l'air contrarié de nos spahis et la mine encore plus désespérée du petit Ali, dont le cœur semblait faiblir.

— Nous partons une heure trop tard, dit le lieutenant; arrachons-les à ce spectacle. — Et il donna un coup de canne au mulet, qui prit le trot jusqu'à Bab-el-Gharbi. La voûte franchie, nous débouchâmes sur la vallée dans l'ordre suivant : Aouïmer et Ben-Ameur formant l'avant-garde et chevauchant botte à botte; au centre, les bagages avec Ali, puis le lieutenant et moi; mon domestique M... à l'arrière-garde, mais à une bonne distance de la jument jaune du lieutenant; son terrible cheval étant déjà dans la plus grande agitation.

Il était alors sept heures, la journée allait finir; une brise lente et faible commençait à se lever sur la plaine, comme le vol appesanti du *houbahrah*, qui bat des ailes longtemps avant de s'envoler; pourtant on respirait. Nous faisions route au couchant; obliquant pour joindre les collines, et directement contre le soleil. Une petite ouverture en forme de coin se dessinait à une lieue devant nous, dans l'écartement de deux mamelons violets.

— *Chouf el trek,* vois le chemin! dit Ali en nous montrant l'étroite coupure où précisément l'astre allait plonger. C'était en effet le défilé du nord-ouest et la route d'Aïn-Mahdy.

— Le soleil y va, ajouta poétiquement Aouïmer.

Pendant quelques minutes il continua de nous enflammer le visage, et je marchai les yeux fermés pour en adoucir l'insupportable éclat. Peu à peu, je me sentis moins d'ardeur aux joues, moins de feu sous les paupières, et quand je les ouvris, je ne vis plus qu'un disque écarlate, échancré par le bas, qui descendait rapidement dans le défilé; puis le disque devint pourpre, et, pour parler comme Aouïmer, le céleste voyageur disparut. Moins d'une minute après, nous entendîmes le canon de la ville, et le mulet d'Ali et les deux chevaux des spahis en reçurent à la fois comme une secousse.

— Mon lieutenant, j'ai oublié ma flûte, dit Aouïmer en faisant tout à coup volte-face.

Et sans attendre la réponse, il poussa son cri de rr... et piqua ventre à terre vers Bab-el-Gharbi. Nous nous retournâmes pour le suivre de l'œil; un flocon de fumée blanche se balançait au-dessus de l'ancien bastion des Serrin, la nuit tombait sur la ville.

— Ce qui m'inquiète, dit le lieutenant en regardant attentivement le couchant, c'est qu'on ne voit pas la moindre apparence de lune.

Tu sais que le Rhamadan, qui est le carême des Arabes, dure l'espace compris entre deux lunes, c'est-à-dire un peu moins d'un mois solaire. Le jeûne quotidien commence et finit à cette minute très fictive où l'on est présumé : « *ne pouvoir plus distinguer un fil noir d'un fil blanc.* » Quant au mois d'abstinence, il expire au moment non moins contestable où trois *Adouls* déclarent avoir vu la lune nouvelle. Or, la lune, à son premier jour, se lève et se couche avec le soleil; à peine est-elle visible pendant un très court moment de crépuscule. Eût-elle paru, il suffirait d'un léger nuage, du moindre brouillard pour la cacher et pour allonger le Rhamadan de vingt-quatre heures. Il y a donc de quoi douter; mais c'est une question trop grave et qui touche à trop d'impatiences pour qu'à la fin du vingt-huitième jour tout le monde, y compris les *T'olba,* ne soit pas du même avis.

Il faisait presque nuit quand nous atteignîmes le col, marchant à la file et lentement sur un terrain rocailleux, dur au pas des chevaux comme un pavé de granit, et tellement sonore qu'on l'aurait cru creusé par-dessous. Presque aussitôt nous entendîmes un galop retentissant, et Aouïmer passa près de nous, escaladant, sans aucun souci, les dalles glissantes du sentier; il avait sa flûte et fumait une cigarette.

— Donne-moi du feu, lui dit le lieutenant.

Aouïmer se pencha sur sa selle, et, le feu donné, reprit la tête à côté de Ben-Ameur.

Le lieutenant se tourna vers moi et me dit :

— Il sent le mouton! j'étais sûr que c'était pour aller manger.

— Eh bien! cria-t-il, et le Rhamadan?

— Fini, mon lieutenant, répondit Aouïmer d'une voix joyeuse.

— Et la lune?

— On l'a vue.

— Qui ça?

— Tout le monde.

— Allons, tant mieux, dis-je au lieutenant, les gens d'Aïn-Mahdy n'auront plus faim quand nous arriverons, et nous sommes sûrs d'être bien reçus.

Pendant un moment nous suivîmes la silhouette brune des deux cavaliers, dont la tête encapuchonnée se dessinait à trente pas de nous, sur un ciel encore éclairé de rouge; puis la silhouette elle-même devint plus vague, le ciel en s'assombrissant la fit évanouir, la croupe argentée du cheval blanc de Ben-Ameur nous servit encore quelques instants de point de mire; enfin, le cheval à son tour acheva de disparaître avec son cavalier, et nous n'eûmes plus pour nous diriger que le pas sec et trottinant du mulet, et de temps en temps, pareil à un signal de route, le tintement métallique d'un étrier.

Nous traversions un pays inégal, mamelonné, laissant à nos chevaux le soin de nous conduire; même aux endroits les plus difficiles, ils y marchaient la bride sur le cou avec autant de sûreté qu'en plein jour, sans glissade et sans étincelles, car aucun d'eux n'était ferré. Tantôt, on devinait un pavé de roches au bruit résonnant de leur sabot, à la résistance du sol, à leur allure courte et saccadée; tantôt, au contraire, un mouvement plus souple, infiniment agréable à sentir, et comme un bercement d'avant en arrière, nous avertissait que le terrain changeait de nature et que nous entrions dans le sable. Alors on voyait vaguement s'étendre à droite de longues dunes blafardes, clairsemées de bouquets sombres.

La nuit était admirable, calme, chaude, ardemment

étoilée comme une nuit de canicule ; c'était, depuis l'horizon jusqu'au zénith, le même scintillement partout, et comme une sorte de phosphorescence confuse au milieu de laquelle étincelaient de grands astres blancs et couraient d'innombrables météores ; quelques-uns avec tant d'éclat, que mon cheval secouait la tête, inquiété par ces traînées de feu. Il n'y avait dans l'air immobile ni mouvement, ni bruit, mais je ne sais quel murmure indéfinissable qui venait du ciel et qu'on eût dit produit par la palpitation des étoiles.

Nous nous acheminions dans le plus profond silence. Le lieutenant, dont la jument paisible se maintenait au pas de mon cheval, avait croisé les étriers sur le cou de sa bête et s'était accroupi dans sa large selle, les jambes autour du pommeau. On n'apercevait rien du petit Ali qui, probablement, s'inquiétait peu de la route ; M..., toujours à l'arrière, s'occupait de calmer son cheval, toujours agité ; Aouïmer avait essayé de sa flûte, puis avait fredonné, puis s'était tu ; quant à Ben-Ameur, il était impossible, depuis le commencement de la nuit, d'imaginer s'il veillait encore, ou si, fidèle à son habitude, il dormait. On eût pu le croire absent, excepté quand de loin en loin la voix claire d'Aouïmer disait : — « Ya, Ben-Ameur, donne le tabac ; » et quand la voix plus sourde de l'indolent cavalier répondait, comme à travers un rêve : — « Prends garde aux abricots, » la djebira de Ben-

Ameur étant en effet bourrée de fruits. Pour moi, je pensais à tout ce que la vie a de plus agréable, et je m'entretenais mentalement avec ceux de mes souvenirs qui me paraissaient le plus propres à me tenir éveillé.

Vers dix heures, la nuit était si claire que je pus voir l'heure à ma montre ; nous tournâmes un rocher grisâtre, en forme de pyramide, au sommet duquel on voyait une tache sombre.

— Regarde le B'étoum, dit Ali ; nous voici à moitié route.

— Si nous nous couchions ? dit le lieutenant qui rêvait.

— Où ça ? demandai-je.

— Ici.

— Mon lieutenant, dit le guide, allons plus loin, l'Oued-M'zi est tout près.

Et nous continuâmes.

— Décidément le cheval m'engourdit, reprit le lieutenant après une nouvelle heure de silence.

Et il me fit une théorie sur les inconvénients du cheval, pendant les étapes de nuit ; théorie qui tendait à prouver que la marche forcée est le plus efficace des divertissements quand on s'endort.

Vers minuit et demi, le terrain, qui montait sensiblement depuis une heure, parut s'aplanir. De larges bouffées d'air, venant d'un horizon plus éloigné, nous apportaient comme une saveur humide. Nous deminions un vaste pays où l'on pouvait distinguer des bois; on entendait à une assez grande distance encore, mais devant nous, de faibles et rares coassements.

— Allons, il reste de l'eau dans l'Oued, dit le lieutenant, que cet avertissement des grenouilles parut consoler d'être venu si loin.

Une demi-heure après nous mettions pied à terre sur un large lit de sable encore tiède, et nous sentions, sans trop le voir, le voisinage d'un petit filet d'eau. De chaque côté s'alignait une haie épaisse de roseaux; au delà, régnait un taillis d'arbres bas et sombres dont on aurait pu, malgré la nuit, distinguer la couleur et la forme; c'étaient les bois de tamarins de *Recheg*; et, pour la première fois, je rencontrais de l'eau dans cette rivière avare appelée l'*Oued-M'zi*.

— Prenons-nous la tente? demanda le lieutenant.
— Ce n'est pas la peine.
— Ni le tapis non plus, n'est-ce pas?
— A quoi bon?

Seulement on entrava mon cheval et celui de M...; quant aux deux chevaux des spahis, ils furent lâchés dans le bois, en compagnie de la jument jaune et du mulet. Après quoi, nous fîmes cercle autour d'une bougie allumée et piquée dans le sable. Ben-Ameur ouvrit sa djebira et se mit, sans rien dire, à manger des abricots. Aouïmer s'abstint, comme s'il avait déjà dîné. La nuit était si calme que la bougie brûlait sans que sa flamme vacillât.

— Le dernier couché la soufflera, dit le lieutenant.

Et chacun de nous se roula dans son burnouss et s'étendit.

— Et qui nous gardera? demandai-je.

— Le bon Dieu, dit en français Aouïmer, avec un sourire délicieux.

Je ne puis dire lequel de nous s'éveilla le premier; car, en ouvrant les yeux, je vis que mes quatre compagnons avaient, eux aussi, les yeux ouverts et considéraient le soleil qui se levait paisiblement au-dessus d'un pays tout rose, et, déjà, bordait d'aigrettes d'or le feuillage aigu des tamarins. La rivière, presque à sec, s'étendait comme un chemin de sable, couleur de lavande, entre deux rangées verdoyantes de roseaux et un double taillis de bois touffus. A peine y restait-il assez d'eau pour justifier la présence des grenouilles que nous avions entendues la veille. A un quart de lieue plus au nord, la rivière faisait un coude, et, par-dessus les berges tapissées de joncs, on découvrait une mince ligne de montagnes très éloignées, roses et lilas tendre. Des gangas, par petites bandes, des couples de pigeons bleus volaient sur la rivière avec inquiétude, et semblaient plutôt surpris qu'effrayés de nous voir. On entendait dans le taillis la voix du petit Ali qui ralliait les bêtes. C'était très joli, très riant, quoiqu'on se sentît fort abandonné.

— Il n'y a rien de tel que la campagne, me dit le

lieutenant à qui l'Oued-M'zi rappelait évidemment les petits ruisseaux sablonneux de son pays. C'est dommage que l'eau soit si salée.

— On eût dit en effet de l'eau de mer, ou plutôt quelque chose d'astringent comme une forte solution d'alun.

Moins d'un quart d'heure après, nous sortions du lit de la rivière et nous apercevions Tadjemout, à trois heures de marche encore, dans l'ouest. Toute la plaine intermédiaire était unie, plate et vide; l'Oued-M'zi s'y déroulait comme un long ruban vert. A deux lieues à peu près dans l'est, on remarquait quelques palmiers mêlés à des végétations chétives, derniers restes d'une oasis morte de soif ou ruinée par la guerre; le petit Ali ne put rien m'en apprendre, sinon qu'il y avait eu là des jardins. Nous laissions en arrière les derniers mamelons du Djebel-Milah; à droite la chaîne élevée, plus robuste et parfaitement bleue, du Djebel-Lazrag; devant nous enfin, à l'extrémité de cette immense campagne stérile, l'arête vaporeuse du Djebel-Amour se découpait sur un ciel d'une extraordinaire transparence.

Nous marchions depuis une heure assez silencieusement, et déjà appesantis par le soleil qui nous embrasait les épaules, quand une bouffée de vent, venant du large, nous apporta le son lointain d'une musique arabe. A ce bruit fort inattendu dans ce pays solitaire, les deux spahis firent demi-tour, pour indiquer qu'ils entendaient; et le petit Ali, presque tout debout sur son mulet, se mit à regarder dans la direction du vent. Une ligne de poussière commençait à se former au-dessus de la plaine, entre Tadjemout et nous.

— C'est une tribu qui voyage, dit Ali; *rakil*, un déplacement.

En effet, le bruit ne tarda pas à se rapprocher, et l'on put bientôt reconnaître l'aigre fanfare des cornemuses jouant un de ces airs bizarres qui servent aussi bien pour la danse que pour la marche; la mesure était marquée par des coups réguliers frappés sur des tambourins; on entendait aussi, par moments, des aboiements de chiens. Puis, la poussière sembla prendre une forme, et l'on vit se dessiner une longue file de cavaliers et de chameaux chargés, qui venaient à nous, et se disposaient à traverser l'Oued, à peu près vers l'endroit où nous nous dirigions nous-mêmes.

Enfin, il nous fut possible de distinguer l'ordre de marche et la composition de la caravane.

Elle était nombreuse et se développait sur une ligne étroite et longue au moins d'un grand quart de lieue. Les cavaliers venaient en tête, en peloton serré, escortant un étendard aux trois couleurs : rouge, vert et jaune, avec trois boules de cuivre et le croissant à l'extrémité de la hampe. Au delà et sur le dos des dromadaires blancs ou d'un fauve très clair, on voyait se balancer quatre ou cinq *atatiches* de couleur éclatante; puis, arrivait un bataillon tout brun de chameaux de charge, stimulés par la caravane à pied; enfin, tout à fait derrière, accourait, pour suivre le pas allongé des dromadaires, un énorme troupeau de moutons et de chèvres noires divisé par petites bandes, dont chacune était conduite par des femmes ou par des nègres, surveillée par un homme à cheval et flanquée de chiens.

— Ce sont des *Arba,* dit Ali.

— Ça m'est égal, dit le lieutenant, du moment que ce n'est pas le Scheriff.

La grande tribu des Arba, qui campe aux environs d'El-Aghouat, est une des plus importantes du sud de nos possessions; c'est avec la fameuse tribu noble des *Ouled-Sidi-Scheik,* la plus forte, la plus brave, la plus aguerrie, la plus opulente, enfin la mieux montée peut-être des tribus sahariennes : « Les Arba, dit « M. le général Daumas dans son livre-itinéraire du « *Sahara algérien,* sont très braves et peu soucieux « d'éviter les rencontres à main armée. Ils mettent un « grand luxe dans leurs armes. Leur vie est aventu- « reuse, et d'ailleurs leur instinct violent et pillard les « met trop souvent en contact avec d'autres tribus « pour ne pas leur avoir fait des ennemis nom- « breux... » J'ajoute qu'on les cite avec les *Saïd* pour leur inhospitalité. Ils ont pris part à toutes les luttes qui ont agité le désert; depuis quinze ans surtout, on les trouve mêlés à toutes les affaires de guerre; nous les avions contre nous derrière les murs d'El-Aghouat; un grand nombre d'entre eux a suivi jusqu'à Ouaregla la fortune errante du Scheriff; et c'est encore chez les Arba que ce chef de partisans continue de recruter ses meilleurs cavaliers.

Au moment où nous atteignions le bord de la rivière, l'avant-garde à cheval y était déjà tout entière engagée, et le premier chameau blanc porteur d'*atouche* commençait à descendre majestueusement la rive opposée.

Les cavaliers étaient armés en guerre et costumés, parés, équipés comme pour un carrousel; tous, avec leurs longs fusils à capucines d'argent, ou pendus par la bretelle en travers des épaules, ou posés horizontalement sur la selle, ou tenus de la main droite, la crosse appuyée sur le genou. Quelques-uns portaient le chapeau de paille conique empanaché de plumes noires; d'autres avaient leur burnouss rabattu jusqu'aux yeux, le haïk relevé jusqu'au nez; et ceux dont on ne voyait pas la barbe ressemblaient ainsi à des femmes maigres et basanées; d'autres, plus étrangement coiffés de hauts kolbaks sans bord en toison d'autruche mâle, nus jusqu'à la ceinture, avec le haïk roulé en écharpe, le ceinturon garni de pistolets et de couteaux, et le vaste pantalon de forme turque en drap rouge, orange, vert ou bleu, soutaché d'or ou d'argent, paradaient superbement sur de grands chevaux habillés de soie comme on les voyait au moyen âge, et dont les longs *chelils*, ou caparaçons rayés et tout garnis de grelots de cuivre, bruissaient au mouvement de leur croupe et de leur queue flottante. Il y avait là de fort beaux chevaux; mais ce qui me frappa plus que leur beauté, ce fut la franchise inattendue de tant de couleurs étranges. Je retrouvais ces nuances bizarres si bien observées par les Arabes, si hardiment exprimées par les comparaisons de leurs poètes. — Je reconnus ces chevaux noirs à reflets bleus, qu'ils comparent au pigeon dans l'ombre; ces chevaux couleur de roseau, ces chevaux écarlates comme le premier sang d'une blessure. Les blancs étaient couleur de neige et les alezans couleur d'or fin. D'autres, d'un gris foncé, sous le lustre de la sueur, devenaient exactement violets; d'autres encore, d'un gris très clair, et dont la peau se laissait voir à travers leur poil humide et rasé, se veinaient de tons humains et auraient pu audacieusement s'appeler des chevaux roses. Tandis que cette cavalcade si magnifiquement colorée s'approchait de nous, je pensais à certains tableaux équestres devenus célèbres à cause du scandale qu'ils ont causé, et je compris la différence qu'il y a entre le langage des peintres et le vocabulaire des maquignons.

Au centre de ce brillant état-major, à quelques pas en avant de l'étendard, chevauchaient, l'un près de l'autre et dans la tenue la plus simple, un vieillard à barbe grisonnante, un tout jeune homme sans barbe

Le vieillard était vêtu de grosse laine et n'avait rien qui le distinguât que la modestie même et l'irréprochable propreté de ses vêtements, sa grande taille, l'épaisseur de sa tournure, l'ampleur extraordinaire de ses burnouss, surtout le volume de sa tête coiffée de trois ou quatre capuchons superposés. Enfoui plutôt qu'assis dans sa vaste selle en velours cramoisi brodé d'or, ses larges pieds chaussés de babouches, enfoncés dans des étriers damasquinés d'or et les deux mains posées sur le pommeau étincelant de la selle, il menait à petits pas une jument grise à queue sombre, avec les naseaux ardents et un bel œil doux encadré de poils noirs, comme un œil de musulmane agrandi par le *koheul*. Un cavalier nègre, en livrée verte, conduisait en main son cheval de bataille, superbe animal à la robe de satin blanc, vêtu de brocard et tout harnaché d'or, qui dansait au son de la musique et faisait résonner fièrement les grelots de son *chelil,* les amulettes de son poitrail et l'orfèvrerie splendide de sa bride. Un autre écuyer portait son sabre et son fusil de luxe.

Le jeune homme était habillé de blanc et montait un cheval tout noir, énorme d'encolure, à queue traînante, la tête à moitié cachée dans sa crinière. Il était fluet, assez blanc, très pâle, et c'était étrange de voir une si robuste bête entre les mains d'un adolescent si délicat. Il avait l'air efféminé, rusé, impérieux et insolent. Il clignotait en nous regardant de loin; et ses yeux, bordés d'antimoine, avec son teint sans couleur, lui donnaient encore plus de ressemblance avec une jolie fille. Il ne portait aucun insigne, pas la moindre broderie sur ses vêtements; et de toute sa personne, soigneusement enveloppée dans un burnouss de fine laine, on ne voyait que l'extrémité de ses bottes sans éperons et la main qui tenait la bride, une petite main maigre ornée d'un gros diamant. Il arrivait renversé sur le dossier de sa selle en velours violet brodé d'argent, escorté de deux lévriers magnifiques, aux jarrets marqués de feu, qui bondissaient gaiement entre les jambes de son cheval.

Aussitôt qu'il aperçut ce vieux grand seigneur et son fils, le petit Ali fit un mouvement pour se jeter à terre et courir se prosterner devant eux; mais le lieutenant lui posa la main sur l'épaule; l'enfant étonné comprit le geste et ne bougea pas.

Pendant ce temps, je regardai ce jeune cavalier à mine impériale, au milieu de son cortège barbare, avec des guerriers pour valets et des vieillards à barbe grise pour pages; je jetai les yeux sur le charmant Aouïmer, qui me fit l'effet d'un histrion, puis je considérai assez tristement la tenue du lieutenant; j'imaginai ce que devait être la mienne pour un œil difficile en fait d'élégance, et je ne pus m'empêcher de dire au lieutenant :

— Comment trouvez-vous que nous représentions la France?

Le vieillard passa et nous salua froidement de la main ; nous y répondîmes avec autant de supériorité que nous le pûmes. Quant au jeune homme, arrivé à deux pas de nous, il fit cabrer sa bête ; l'animal, enlevé des quatre pieds par ce saut prodigieux où excellent les cavaliers arabes, nous frôla presque de sa crinière et alla retomber deux pas plus loin ; le petit prince s'était habilement dispensé du salut, et son escorte acheva de défiler sans même jeter les yeux sur nous.

Les musiciens venaient ensuite, marchant sur deux rangs, la bride passée dans le bras, les uns frappant d'un geste martial sur de petits châssis carrés tendus de peau, d'autres tambourinant avec des crochets de bois sur des timbales du diamètre d'un petit tambour, les autres soufflant dans de longues musettes en forme de hautbois. Puis arrivaient, sur deux de front, et les deux plus richement équipés tenant la tête, les chameaux porteurs d'atatiches ; c'étaient de grands animaux efflanqués, nerveux, lustrés, presque aussi blancs que de vrais *mahara* et marchant, comme disent les Arabes : « du pas noble de l'autruche. » Ils avaient des mouchoirs de satin noir passés au cou et des anneaux d'argent aux pieds de devant. Les *atatiches*, sorte de corbeilles enveloppées d'étoffes avec un fond plat garni de coussins et de tapis, dont les extrémités retombent en manière de rideaux sur les deux flancs du dromadaire, faisaient plutôt l'effet de dais promenés dans une procession que de litières de voyage. Imagine un assortiment de toute espèce d'étoffes précieuses, un assemblage de toutes les couleurs : du damas citron, rayé de satin noir, avec des arabesques d'or sur le fond noir, et des fleurs d'argent sur le fond citron; tout un atouche en soie écarlate traversé de deux bandes de couleur olive; l'orange à côté du violet, des roses croisés avec des bleus, des bleus tendres avec des verts froids; puis des coussins mi-partie cerise et émeraude, des tapis de haute laine et de couleur plus grave, cramoisis, pourpres et grenats, tout cela marié avec cette fantaisie naturelle aux Orientaux, les seuls coloristes du monde. C'était le point le plus brillant et le centre éclatant de la caravane. Vu de face et d'un peu loin, ce haut appareil s'élevait comme une sorte de mitre étincelante au-dessus de la tête vénérable des dromadaires blancs, et complétait cette physionomie sacerdotale que tu leur connais. On n'entrevoyait rien des voyageuses de distinction suspendues dans ces somptueux berceaux; mais un nègre à pied, qui se tenait au-dessous de chaque litière, de temps en temps levait la tête et s'entretenait avec une voix qui lui parlait à travers les tapisseries.

Là s'arrêtaient le luxe des étoffes et l'éclat des couleurs; car, immédiatement après, venaient les chameaux de charge, portant les tentes, le mobilier, la batterie de cuisine de chaque famille, accompagnés par les femmes, les enfants, quelques serviteurs à pied, et les plus pauvres de la tribu. Des coffres, des tellis au ventre arrondi, rayés de jaune et de brun, des plats de kouskoussou, des bassins de cuivre, des armes en faisceaux, des ustensiles de toute nature cliquetant au mouvement de la marche; de chaque côté, des outres noires pendues pêle-mêle avec des douzaines de poulets liés ensemble par les pattes, et qui battaient des ailes en jetant des cris de détresse; par-dessus tout cela la tente roulée autour de ses montants comme une voile autour de sa vergue; puis un bâton qui se trouvait mis en l'air et retenu par des amarres à peu près comme un mât avec ses agrès ; tel était l'aspect uniforme offert par le dos montueux des chameaux. Il y en avait cent cinquante ou deux cents pour transporter les bagages et les « maisons de poil » de cette petite cité nomade en déménagement. On voyait, en outre, de jeunes garçons, assis tout à fait à l'arrière des bêtes, juste au-dessus de la queue, qui poussaient de grands cris, quand les animaux trop pressés s'embarrassaient l'un dans l'autre ; ou bien de petits enfants tout nus, suspendus à l'extrémité de la charge, quelquefois couchés dans un grand plat de cuisine et s'y laissant balancer comme dans un berceau. A l'exception du harem, qui voyageait en litière fermée, toutes les femmes venaient à pied sur les deux flancs de la caravane, sans voiles, leur quenouille à la ceinture et filant. De petites filles suivaient, entraînant ou portant, attachés dans leur voile, les plus jeunes et les moins alertes de la bande. De vieilles femmes, exténuées par l'âge, cheminaient appuyées sur de longs bâtons; tandis que de grands vieillards se faisaient porter par de tout petits ânes, leurs jambes traînant à terre. Il y avait des nègres qui, dans leurs bras d'ébène, tenaient de jolis nourrissons coiffés de la chechia rouge; d'autres menaient par la longe des juments couvertes, depuis le poitrail jusqu'à la queue, de *djellale* à grands ramages, et suivies de leurs poulains; j'en remarquai qui conduisaient par les cornes des béliers farouches, comme s'ils les traînaient aux sacrifices : c'était aussi beau qu'un bas-relief antique. Des cavaliers galopaient au milieu de la foule, et de loin donnaient des ordres à ceux qui, tout à fait à l'arrière, amenaient le troupeau des chameaux libres et les moutons. C'était là que se tenait la meute hurlant, aboyant, harcelant sans cesse la queue du troupeau; notre approche augmentant encore la rage des chiens et ajoutant à l'épouvante des moutons, nous prîmes le trot, et bientôt nous eûmes dépassé l'extrême arrière-garde de la caravane.

Pendant une heure encore, on entendit le bruit des cornemuses, et nous continuâmes de voir la poussière qui s'éloignait dans la direction des montagnes de l'Est.

— Avouez, dis-je au lieutenant, que voilà une manière de déménager qui vaut mieux que la nôtre.

Et je lui rappelai, car il l'avait oublié, comment s'effectue un changement de domicile chez le peuple le plus spirituel et le plus policé du monde.

Je ne connais pas de village arabe qui se présente avec plus de correction ni dans des conditions de panorama plus heureuses que Tadjemout, quand on l'approche en venant d'El-Aghouat. Il couvre un petit plateau pierreux qui n'est qu'un renflement de la plaine et s'y développe en forme de triangle allongé. La base est occupée par un rideau vert d'arbres fruitiers et de palmiers; les saillies anguleuses d'un monument ruiné en marquent le sommet. Un mur d'enceinte collé contre la ville suit la pente du coteau et vient, par une descente rapide, se relier, au moyen d'une tour carrée, aux murs extérieurs des jardins. Ces murs sont armés, de distance en distance, de tours semblables; ce sont de petits forts crénelés, légèrement coupés en pyramides et percés de meurtrières. La ligne générale est élégante et se compose par des intersections pleines de style avec la ligne accentuée des montagnes du fond. Le ton local est gris, d'un gris sourd que la vive lumière du matin parvenait à peine à dorer. Une multitude de points d'ombre et de points de lumière mettait en relief le détail intérieur de la ville et, de loin, lui donnait l'aspect d'un damier irrégulier de deux couleurs : gris et bleu. Deux marabouts posés à droite, sur la croupe même du mamelon, l'un rouge et l'autre blanc, faisaient mieux apparaître encore, par deux touches brillantes, la monochromie sérieuse du tableau.

A une demi-lieue de la ville, nous dépêchâmes Aouïmer avec la lettre adressée au caïd, et nous lui recommandâmes de veiller à ce que la *diffa* fût très simple, car nous avions affaire à des gens pauvres. Puis le lieutenant s'approcha d'Ali et lui fit la leçon suivante :

— En quelque endroit que nous soyons, souviens-toi que c'est monsieur et moi qui sommes les maîtres; ainsi n'embrasse les genoux de personne; — tu me comprends?

Le petit Ali porta la main droite à sa poitrine et répondit : Oui, *Sidna*. — Formule presque inusitée de respect, qui ne s'adresse qu'aux puissants de la terre.

A mesure que nous approchions, tournant les jardins pour entrer par l'est, l'aspect de Tadjemout changeait, les montagnes s'abaissaient derrière la ville; et tout ce tableau oriental se décomposant de lui-même, il ne resta plus, quand nous en fûmes tout près, qu'une pauvre ville, mise en ruines par un siège, brûlée, aride, abandonnée, et que la solitude du désert semblait avoir envahie. Il était neuf heures; le soleil déjà haut, la frappait d'aplomb. Nous arrivions, par un cimetière, au-delà duquel on voyait une porte carrée, pareille à toutes les portes arabes, ménagée dans la tour qui relie les remparts aux murs des jardins. Un Arabe à mine farouche, chaussé de brodequins poudreux et portant un long fusil pendu dans le dos, suivait en même temps que nous ce chemin hérissé de pierres tumulaires, poussant devant lui un âne boiteux chargé de deux outres vides. A droite, et vers le sommet du mamelon traversé par de longues assises de rochers rougeâtres, on voyait deux chevaux étiques, la tête pendante et plantés sur leurs quatre pieds comme sur des piquets. Rien de plus, personne au-dessus des murailles; pas un bruit. A gauche et dans des massifs d'abricotiers, on entendait roucouler des tourterelles.

Après un assez long circuit dans des rues sans soleil, plus étroites encore que celles d'El-Aghouat et pavées de dalles encore plus glissantes, nous prîmes une petite ruelle au bout de laquelle on voyait des gens occupés à desseller le cheval d'Aouïmer. Arrivés là, nous mîmes pied à terre, et l'on nous fit entrer sous un vestibule fort obscur, et dans lequel s'enfonçait, suivant l'usage, un divan en maçonnerie élevé de quatre pieds au-dessus du sol. Le vestibule était encombré de gens qui se démenaient beaucoup sans le moindre cri. Il y avait déjà quelqu'un étendu sur le dos au beau milieu du divan, et autour duquel tout le monde s'empressait. Au moment où nous apparûmes, un Arabe, assez proprement vêtu d'un burnouss couleur amadou, lui présentait d'une main une gamelle de lait, tandis que de l'autre il l'invitait à choisir au milieu d'un boisseau au moins de petites pommes vertes amoncelées sur le tapis. C'était Aouïmer qui se faisait servir par le caïd de Tadjemout. Il se mit à sourire en nous voyant et nous dit en français, de sa voix la plus claire : — Bonjour, mon lieutenant, comme s'il ne nous avait pas vus depuis un mois.

Notre arrivée avait attiré une certaine foule devant la maison du caïd. Aussi, le vestibule ne tarda pas à se trouver rempli ; et bientôt, la porte obstruée ne pouvant suffire à la curiosité de tous ceux qui, privés d'entrer, auraient voulu voir, le plus grand nombre des visiteurs demeura dehors, et fit bien inutilement galerie dans la rue. Au bout d'un instant, il n'y eut plus moyen de respirer, et j'avais perdu tout espoir de prendre un seul moment de repos. D'ailleurs, ce n'est jamais un séjour bien délicieux que celui du divan chez les pauvres habitants des ksours du Sud. On n'y échappe aux coups de soleil, — danger réel, il faut l'avouer, pendant la canicule, — qu'avec la chance d'y rencontrer toutes les incommodités imaginables. Et quant à celui-ci, j'avais jugé, dès l'abord, qu'il renfermait une combinaison de petits supplices dont le moindre était, sans contredit, la chaleur épouvantable d'une étuve sèche ; et je m'étais tout de suite aperçu, à de cruelles démangeaisons qui m'envahirent tout le corps, que les mouches avaient ici, dans les tapis, toute une armée d'odieux auxiliaires.

Une hirondelle avait son nid dans le plafond, juste

au-dessus du divan. Les petits étaient nés, et, toutes les cinq minutes, l'hirondelle arrivait avec un brin de quelque chose dans le bec. La porte était basse; entre le cintre et la tête des gens attroupés sur le seuil, il ne restait que juste assez d'espace pour elle; elle s'y glissait en poussant un léger cri. Aussitôt, je regardais en l'air et je voyais six petites têtes rondes coiffées d'un duvet noir avancer au bord du nid six becs ouverts et pépiants; de petits becs d'oiseaux naissants avec un bourrelet jaune qui les fait ressembler à des lèvres. L'oiseau partageait de son mieux entre tous ses nourrissons; puis, l'une après l'autre, les têtes se retiraient dans le nid. La mère, un peu surprise de voir son asile occupé par tant de monde, hésitait pour s'en aller, entre la porte de la cour et celle de la rue; sans doute elle avait des raisons pour préférer la seconde, car c'était celle qu'elle choisissait, bien que l'autre fût à peu près libre. Chaque fois c'était la même incertitude, et chaque fois j'entendais du milieu des Arabes une voix grave qui disait : *balek!* (prends garde!) Alors il y en avait qui se courbaient en deux pour lui faire place, d'autres encore plus complaisants qui s'écartaient tout à fait; l'oiseau prenait son élan et filait en jetant un nouveau cri.

Grâce à ce trait de caractère assurément touchant, j'aurais volontiers pardonné à ces braves gens de nous faire étouffer par leur politesse malentendue, mais, quoique endurci déjà contre beaucoup de misères, je trouvai cette manière de se reposer si pénible, que j'aimai mieux marcher. La *diffa* ne pouvait manquer de se faire attendre, car c'est une cérémonie qui, dans tous les cas, demande certains préparatifs et dont la solennité dépend en grande partie de la lenteur qu'on y apporte. Tous les visages étaient ruisselants; les burnouss transpiraient comme des langes de bain. Je ressentais, en outre, d'intolérables piqûres, et je dis au lieutenant, qui me paraissait ne rien éprouver de semblable : Sentez-vous? — Non, mon ami, me dis le lieutenant, mais je les vois. Si j'ai un conseil à vous donner, c'est d'aller vous promener. — Au moment où je sortais, je me trouvai face à face avec le caïd, qui portait dans ses bras un petit mouton noir tout frémissant de se trouver pris et qui bêlait. Un autre grand gaillard, vêtu comme le caïd d'un burnouss de fantaisie jaunâtre, et lui ressemblant un peu, le suivait d'un air enjoué, un couteau à la main. Le caïd, croyant m'être agréable, me présenta le pauvre animal, écarta sa laine à l'endroit des côtes et me montra qu'il était gras et blanc. De mon côté, je fus obligé, par convenance, de palper cette chair vivante qu'on allait mettre à la broche et que j'allais manger dans une heure. Mais je me fis un peu l'effet d'un sauvage, et la *diffa* de Tadjemout ne m'inspira plus le moindre appétit.

Les rues étaient silencieuses, presque désertes, l'ombre y décroissait rapidement, et je n'y rencontrai que de rares habitants étendus déjà sous le porche obscur des maisons. J'entrevis un ou deux enfants qui se cachaient, et je pus entendre, en passant, le tic-tac des métiers, comme dans certaines cours d'El-Aghouat. Je fis le tour de la ville par l'est et m'acheminai, malgré la chaleur, vers le marabout blanc qu'on voit de loin briller dans ce tableau décoloré. C'est la sépulture de *Sidi-Atallah,* un des patrons de Tadjemout et l'ancêtre des *Ouled-Sidi-Atallah,* petite tribu d'une centaine de tentes qui campe aux environs de Tadjemout, et y dépose ses grains. Le marabout commande la ville à l'est, à peu près comme celui de Si-Hadj-Aïca commande un quartier d'El-Aghouat. Il est entouré d'un petit mur en pierres sèches et barricadé de manière à ce qu'on n'y puisse entrer. Il y avait une multitude de loques accrochées au mur par dévotion. — Puis, suivant l'arête du mamelon, je rentrai dans la ville par le nord.

Tadjemout ne s'est point relevé du siège qu'il a subi en même temps que sa voisine *Aïn-Mahdy.* Ce débris noirâtre, qu'on voit de loin denteler le sommet de la ville, c'est, avec une enceinte assez vaste, mais rasée à fleur de terre, et quelques pans de murs encore tachés par le feu, tout ce qui reste de l'ancienne kasbah démantelée pendant la guerre. Toutes ces maisons si bien groupées à distance sont dans le plus triste état de misère et s'en vont en ruines. On a seulement relevé les tours et réparé l'enceinte des jardins, car la grande affaire était de protéger les plantations.

Ces jardins entourent la ville de trois côtés. L'Oued M'zi la contourne en décrivant comme eux trois quarts de cercle; son lit est large; il est contenu, du côté des jardins, par une berge élevée, de terre rougeâtre, sans cailloux; de l'autre, il paraît s'étendre assez loin dans la plaine, au moment de la crue des eaux; mais, dans cette saison de sècheresse, il devient inutile, et n'arrose ni ne protège plus rien. On n'y voit pas la moindre place humide. De même qu'à El-Aghouat, il disparaît sous le sable pour ne se montrer qu'à l'époque des pluies.

Le soleil était déjà presque perpendiculaire quand je m'arrêtai sur les débris de l'ancienne kasbah, devant le panorama de la plaine. Je retrouvais El-Aghouat à la même heure, avec le désert de moins, mais avec une stupeur encore plus grande dans l'intérieur de cette ville accablée de chaleur. On n'entendait rien, on ne voyait rien remuer. Au delà de l'îlot vert des jardins, l'œil découvrait un horizon de terrains nus, caillouteux, brûlés, fuyant dans toutes les directions vers un cercle de montagnes fauves ou cendrées, d'un ton charmant, mais où l'on devinait l'aridité de la pierre sous la tendresse inexprimable des couleurs. Un petit nuage unique flottait au-dessus d'un piton bleuâtre du Djebel-Amour. La ville, environnée de pentes grisâtres, sans aucune ombre, enflammée de soleil, ne donnait plus signe de vie. Les deux chevaux que j'avais aperçus en arrivant n'avaient pas changé de place; seulement, ils s'étaient couchés, la tête du côté du nord. Il y avait une tente en poil noir plantée parmi les ruines, et sous laquelle une femme en haillons battait du lait dans une outre. La nuit la plus profonde est pleine de gaieté à côté de ce tableau désolé. On ne connaît point en France l'effet de cette solitude et de ce silence sous le plus beau soleil qui puisse éclairer le monde. Dans nos pays tempérés, le soleil de midi fait sortir de terre tout ce qu'elle a de vie et de bruits, et semble exaspérer toutes les passions joyeuses de la campagne. Ici, le soleil de midi consterne, écrase, mortifie, et c'est l'ombre de minuit qui répare et à son tour redonne la vie.

Une seule chose, grâce à des ressources de sève inconcevables, résiste à la consomption de ces terribles étés, qui dessèchent les rivières, corrompent les eaux qu'ils ne peuvent tarir, et ne donnent qu'à peu de gens le temps de vieillir, — c'est la couleur verte des feuillages; couleur extraordinaire dont nous n'avons pas d'expression dans les harmonies ordinaires de la palette. Je me suis rappelé les taillis de chêne les plus verts, les potagers normands les mieux arrosés, à l'époque la plus épanouie de l'année, aussitôt après la frondaison, sans trouver quelque chose de comparable à ce badigeonnage de vert émeraude, entier, agaçant, et qui fait ressembler tous ces arbres à des joujoux de papier vert qu'on planterait sur du bois jaune. Ce qui rend le désaccord plus bizarre et aussi la comparaison plus juste, c'est que le pied des arbres repose en effet sur un terrain presque tout à fait nu, couleur de chaume, où l'on ne voit que quelques petits carrés de légumes mal arrosés et plus mal venus, des haricots et des fèves à feuilles flétries.

Ces jardins, si desséchés par le pied, si verdoyants par le sommet, sont toute la fortune et toute la gaieté de Tadjemout. On les dit fertiles. Pour moi, je n'y ai vu que des pommes et des abricots. Les pommes sont petites, de couleur fade, et pareilles à des pommes à cidre, pour la grosseur et pour le goût. Quant à l'abricotier du sud, c'est un bel arbre, de haute taille, d'un port sérieux, d'un feuillage élégant, régulier, et qui conviendrait aux paysagistes de style; voilà pourquoi je le signale en passant. C'est un feuillage arrondi par masses compactes ou développé en longues grappes traînantes, et dont l'exécution, naturellement indiquée, s'exprime par un travail serré de touches rondes posées symétriquement, comme des points de broderie. Cela rappelle exactement l'exécution calme et savante du *Diogène* et du *Raisin de Chanaan*. A l'automne, quand l'arbre est devenu brun, la ressemblance doit être parfaite. L'abricotier, comme les pommiers normands et les orangers, se couvre de fruits en si grand nombre, que chaque feuille verte est accompagnée d'un fruit d'or. Cet arbre, d'aspect mythologique, est, après les dattiers, ce qu'il y a de plus précieux dans les vergers du Sud. Les abricots secs forment, tu le sais, le fond de la cuisine arabe; on les fait sécher sur des claies, et, pendant tout le reste de l'année, on en compose, avec fort peu de viande et beaucoup de sauce au *fel-fel,* toute sorte de ragoûts, entre autres le *hamiss.*

Des grenadiers, dont les fleurs commençaient à faire place au fruit; des poiriers; des figuiers bas, à feuilles plus petites et plus foncées que les figuiers d'Europe; quelques pêchers, au feuillage grêle un peu plus doré que le reste; des vignes poussant en tout sens avec les plus grands caprices et portant déjà des verjus monstrueux; par-dessus tout cela les aigrettes des palmiers d'un vert froid, légèrement jaunes ou rougissantes au point de jonction des palmes, voilà les jardins de Tadjemout, c'est-à-dire de tous les ksours du Sud.

Somme toute, ici les oiseaux sont plus heureux que les hommes; car ils se nourrissent aussi bien et vivent plus commodément. Ils ont le peu de fraîcheur que la végétation parvient à exprimer du sol, et le moindre vent qui remue cette atmosphère inerte et brûlante de midi, ils le recueillent en paix dans leurs maisons mouvantes de feuillages. On ne les aperçoit pas, et c'est à peine si on les entend se déranger dans les feuilles quand on passe à côté d'eux. Quelquefois, une petite tourterelle fauve, à collier lilas, s'envole et se réfugie sur un palmier; elle agite, en s'y posant, le djerid flexible; on la voit un moment se balancer sur le ciel bleu, puis elle se retire au cœur de l'arbre, elle y pousse un ou deux roucoulements, fait mouvoir encore les dards aigus des palmes, et tout se tait, en même temps que tout redevient immobile.

Quand j'entrai dans le vestibule, où l'odeur du repas semblait avoir rassemblé toutes les mouches et tous les affamés du quartier, le caïd, qui n'attendait plus que mon retour, fit un signal du côté des cuisines, et je vis apparaître, au bout d'un bâton, le cadavre rissolé et tout fumant du petit agneau noir.

Aouïmer fut d'une gaieté folle pendant tout le repas, et Ben-Ameur essaya de nous persuader que les habitants de Tadjemout seraient heureux de nous retenir jusqu'au lendemain; mais nos pauvres chevaux expiraient de chaleur dans la cour, et c'était nous soulager tous que de nous mettre en route. Avant trois heures, nous prenions congé du caïd et nous sortions par *Bab-Sfaïn,* porte qui s'ouvre du côté d'Aïn-Mahdy.

Aïn-Madhy, juillet 1853.

— J'accomplissais en ce moment un de mes plus vieux rêves de voyage; rêve est le mot, car à l'époque où je le faisais, en examinant la carte du Sahara, il était plus que douteux qu'il pût jamais se réaliser. Ce n'était ni son éloignement, ni la nouveauté du pays qui m'attiraient vers ce lieu-là, de préférence à tant d'autres, tout aussi propres à m'émouvoir; c'était je ne sais quoi de séduisant dans le nom, quelques lambeaux appris de son histoire, le bruit d'un grand personnage religieux luttant derrière ces remparts contre le premier homme de guerre de l'Afrique moderne, beaucoup d'imaginations colorant une vague perspective de faits et de paysage; enfin, je ne sais quelle singulière intuition du vrai qui m'avait fait imaginer une sorte de ville abbatiale, dévote, sérieuse, hautaine et dominée, comme Avignon, par un palais de pape. Chemin faisant, je me rappelais le temps où El-Aghouat était encore pour Alger un pays fort mystérieux, et je pensais au nombre d'événements, petits ou grands, que le hasard avait dû combiner pour faciliter ma promenade; et ce qui m'étonnait le plus dans tout cela, c'était d'en être aussi peu surpris et de trouver tout simple que j'eusse déjeuné le matin à Tadjemout et que j'allasse à présent dîner à Aïn-Mahdy.

Nous avions devant nous une plaine unie, pierreuse, sans aucun accident de terrain et sans variété d'aspect. A droite et à gauche, fuyaient parallèlement deux bourrelets d'une couleur exquise et seulement tachés d'ombres pareilles à des gouttes d'eau bleue. A l'extrémité de la plaine, on distinguait un renflement dans la ligne droite de l'horizon; c'était derrière ce mouvement du sol que nous allions voir apparaître Aïn-Mahdy. La montagne au delà devenait plus bleuâtre à mesure que le soleil inclinait de son côté. De petits sentiers grisâtres se dirigeaient en droite ligne dans la plaine et menaient sans détours de Tadjemout à Aïn-Mahdy. Il n'en fallait pas davantage pour indiquer le voisinage d'une ville fréquentée. — Ces deux ou trois sentiers, séparés par des intervalles presque égaux, où la terre est battue, où il y a moins de cailloux qu'ailleurs, c'est une grande route de caravane. Le gros de la troupe marche à la file dans le sillon du milieu, le plus poudreux, le seul qui ne soit jamais interrompu; les cavaliers d'escorte, les conducteurs de chameaux vont parallèlement dans les petits sentiers latéraux, à la file aussi, car il n'y en a guère où l'on remarque le passage ordinaire de plus de deux cavaliers de front. La route se trouve ainsi tracée dans la direction la plus courte. Quand on rencontre une touffe d'*alfa*, de *chih* ou de *k'tâf*, on la tourne; l'herbe continue de pousser; et c'est le chemin qui fait un circuit, grâce à l'imperturbable régularité des voyageurs. Je m'amusais à reconnaître la large empreinte des chameaux, le pied des chevaux, celui des hommes. De loin en loin, nous retrouvions des marques de roues, presque effacées par les pluies d'hiver. N'était-ce pas la voie des canons qui sont venus d'*El-Biod* mitrailler les murs d'El-Aghouat? De rares gangas, qu'on ne voyait pas, faisaient entendre au-dessus de nos têtes de faibles cris perdus dans le silence. A gauche, et sur des plans inclinés qui remontaient vers les collines, on distinguait de temps en temps des points fauves tachés en dessous de blanc.

Ces points fauves étaient mobiles, et malgré l'énorme distance, on voyait le lustre du poil. C'étaient des gazelles qui paissaient parmi des *alfa* jaunissants. Le chemin que nous suivions était couvert de leurs traces; on eût pu dire que *la terre exhalait le musc*.

A moitié chemin à peu près, nous vîmes venir à nous deux voyageurs à pied, conduisant trois petits ânes. Deux de ces ânes étaient chargés; le troisième, velu comme un ours et de la taille d'un gros mouton, trottait gaiement en avant des autres et s'arrêtait fréquemment pour accrocher au passage un rameau pâle de *k'taf*. Les hommes étaient nègres, mais de vrais nègres pur sang, d'un noir de jais, avec des rugosités sur les jambes et des plissures sur le visage, que le hâle du désert avait rendues grisâtres : on eût dit une écorce. Ils étaient en turban, en jaquette et en culotte flottante, tout habillés de blanc, de rose et de jonquille, avec d'étranges bottines ressemblant à de vieux brodequins d'acrobates. C'étaient presque des vieillards, et la gaieté de leur costume, l'effet de ces couleurs tendres accompagnant ces corps de momies me surprirent tout de suite infiniment. L'un avait au cou un chapelet de flûtes en roseau, comme le fou de D'jelfa; il tenait à la main une musette en bois travaillé, incrustée de nacre, et fort enjolivée de coquillages. L'autre portait en sautoir une guitare formée d'une carapace de tortue, emmanchée dans un bâton brut.

Quant aux ânes, je fus longtemps à deviner ce qu'ils avaient sur le dos. Outre plusieurs tambourins ornés de grelots, d'autres instruments de musique, reconnaissables à leur long manche, et un amas de loques fanées, je voyais, à distance, quelque chose comme une quantité de paquets de plumes ondoyer au-dessus de la charge et flotter confusément jusque sur leurs oreilles. En approchant, je m'aperçus que ces paquets étaient de toutes les couleurs et de la plus singulière apparence ; c'étaient à peu près des oiseaux par le plumage ; par la forme, c'étaient des bêtes impossibles ; et, ce qui m'étonna le plus, ce fut de voir que chacun de ces montres avait positivement un bec et deux pattes. Il y en avait un grand nombre de tailles diverses, et tous d'une composition plus ou moins propre à frapper l'esprit ; les uns petits, armés d'un bec énorme et montés sur des échasses de flamands ; les autres, pesants comme une outarde, avec une tête imperceptible et des pieds filiformes ; d'autres d'un air tout à fait farouche, auxquels il ne manquait que le cri pour être l'idéal de ce qui fait peur. — Imagine, mon cher ami, ce qui peut sortir de la fantaisie d'un nègre, quand il s'amuse à refaire des oiseaux avec des peaux cousues, des pattes et des têtes rapportées.

C'étaient donc des bateleurs avec leurs marionnettes. Ils sortaient d'Aïn-Mahdy, où je doutai qu'ils eussent fait leurs frais, et s'en allaient par Tadjemout, chez les Ouled-Nayls d'abord, puis dans les douars du Tell, essayer l'effet de leur innocente industrie. Je dis à Aouïmer de les questionner : mais ils parlaient fort peu l'arabe, et faute de nous comprendre, je ne pus savoir d'où ils venaient. Le seul nom que je reconnus dans le récit fait en langue nègre de leur longue odyssée fut *Ouaregla*. — « C'est une ville où l'on aime beaucoup à rire, » dit Aouïmer. — A tout hasard, je leur criai : *Kouka, Kano,* et tout ce que je connaissais de noms appartenant au *Bernou*. Ils se mirent à rire avec cette aimable gaieté des nègres, les plus francs rieurs de tous hommes, et ils répétèrent : *Kouka, Kano,* d'un air de connaissance : j'en conclus, peut-être à tort, qu'ils pouvaient bien avoir des relations avec le lac *Tchad* ou le *Haoussa*. Ils nous demandèrent de l'eau. Heureusement que l'outre était pleine. Après quoi, nous nous souhaitâmes mutuellement bon voyage, et je me retournai pour les voir s'éloigner dans la direction de Tadjemout, qui n'apparaissait plus au fond de la plaine, à présent dorée, que comme une tache grise au-dessus d'une ligne verte.

La première fois que je traversai la Metidja, pour aller d'Alger à Blidah, je fus d'abord étonné (j'étais débarqué de la veille) de faire ce trajet en diligence, à peu près comme sur une route de France; mais je le fus bien davantage de rencontrer, au milieu de la plaine, un Auvergnat en veste de velours olive et coiffé d'une casquette de loutre, qui portait devant lui un orgue de Barbarie et en jouait tout en marchant. C'était à peu près à l'endroit qu'on appelle les Quatre-Chemins : la plaine était verte, hérissée de palmiers nains; on voyait çà et là, entre la route et la montagne, pointer une tête isolée de palmier en éventail ; le magnifique encadrement de l'Atlas enfermait l'horizon dans un cercle veiné de bleu, couronné de neiges, et d'une imposante tournure; c'était une admirable entrée. Je venais d'apercevoir un chacal qui traversait la route, comme aurait fait chez nous un renard; et je voyais de loin, posées parmi les joncs, deux cigognes dont l'une, comme l'ibis antique, tenait dans son bec quelque chose qu'on pouvait prendre pour un serpent. L'Auvergnat jouait l'air de la *Grâce de Dieu*. Ce jour-là je fus indigné. — Hier, en me séparant des musiciens nègres, ce souvenir m'est revenu, et je l'ai pris avec moins d'amertume. Il m'a semblé que cette nouvelle rencontre donnait un sens philosophique à la première. Je comparais ces pauvres émigrants venus, l'un de *Bernou,* l'autre du Cantal ou de la Savoie, et je n'ai pu m'empêcher d'admirer encore davantage les combinaisons du hasard, en pensant qu'un jour ils se rencontreraient peut-être, l'un avec sa guitare d'écaille, l'autre avec son coffre à musique, et qu'ils joueraient ensemble des airs nègres et des airs parisiens, au milieu d'une ville arabe devenue française.

Vers six heures, nous perdîmes Tadjemout de vue;

et presque aussitôt, nous découvrions devant nous la silhouette massive, écrasée, légèrement renflée vers le milieu, d'une ville solitaire, de couleur brune, marquée de deux points plus clairs vers le centre : c'était Aïn-Mahdy. A ce moment, le soleil, qui déclinait vers les montagnes, prenait déjà la ville à revers, en dessinait seulement les contours dentelés, et noyait dans un rayonnement mêlé de violet et de bleu verdâtre les premiers échelons du Djebel-Amour. A mesure que nous approchions, le jour baissait; l'heure ne pouvait être mieux choisie pour entrer dans cette ville longtemps mystérieuse et demeurée sainte. Cette demi-clarté du soir qui n'allait nous la montrer que confusément, l'ombre qui commençait à l'envelopper avant que nous en fussions trop près, tout cela convenait à merveille au sentiment particulier mêlé de curiosité et de respect que m'inspirait Aïn-Mahdy.

Il était sept heures quand nous atteignîmes le pied du rempart. C'est une muraille en maçonnerie solide, avec des créneaux très rapprochés, et coiffés de petits chapiteaux en pyramides. Aouïmer nous avait précédés pour prévenir le caïd de notre arrivée, et nous entrâmes dans la ville très modestement escortés d'un seul cavalier. En deçà du rempart règne un mur moins élevé, qui forme l'enceinte intérieure des jardins, de sorte que les jardins ont, comme la ville, une ceinture continue. Entre ce mur et le rempart passe un chemin de ronde étroit et sinueux. C'est par là que le guide nous fit tourner pour aller gagner la grande porte : *Bab-el-Kebir*. Cette porte a l'air d'une entrée de forteresse ; elle est pratiquée dans une haute muraille et flanquée de deux grosses tours carrées. Elle est beaucoup plus élevée que ne le sont d'habitude les portes des villes arabes ; elle a de solides battants armés de ferrures ; un encadrement de chaux en dessine le contour, presque aussi large que haut ; une banquette dallée de pierres grises, polies comme du fer usé, garnit extérieurement le pied du mur. Le porche est profond, avec des enfoncements ménagés dans l'épaisseur des tours latérales, et forme à l'intérieur une véritable place d'armes.

La rue sur laquelle on débouche après avoir franchi la voûte complète cette entrée monumentale. Elle est très large pour une rue arabe, comprise entre deux grands murs sévères, bâtis de pierres, sans ouvertures, et si propre qu'on la dirait balayée. Au bout de cent pas, elle tourne à angle droit au pied d'une maison blanche, d'architecture mauresque, et dont la forme singulière rappelle à la fois le palais et la mosquée. Cette maison blanche, élevée, percée à l'étage supérieur de fenêtres en ogives précieusement sculptées, est l'une des maisons du marabout Tedjini ; c'est aussi le lieu de sa sépulture et la mosquée d'Aïn-Mahdy. Ce nom de Tedjini, qui n'éveillera chez toi, quand tu me liras, qu'un intérêt bien vague, ce seul nom, quand je l'entendis sortir avec componction des lèvres du petit Ali, me fit éprouver, mon cher ami, une émotion très sincère. Il imprimait à ce qui m'entourait un caractère précis de grandeur, d'héroïsme et de sainteté. Je sentis que l'âme de cet homme vaillant animait encore cette ville à l'air si hautain et si recueilli. Mes imaginations d'autrefois ne m'avaient pas trompé, Aïn-Mahdy ne ressemblait à rien de ce que j'avais vu et répondait à tout ce que j'avais rêvé.

Une troupe de chameaux sans gardien encombrait la rue dans toute sa largeur. En deçà et au delà de ce groupe silencieux, il n'y avait personne. La rue déserte se remplissait paisiblement de cette ombre poudreuse et de couleur rousse, ombre palpable, chargée de chaleur, d'odeurs confuses, qu'on ne trouve que dans les villages arabes du Sud, à la tombée de la nuit. La terrasse de la maison de Tedjini était occupée par un petit nombre de gens qui tous regardaient du même côté, du côté des montagnes. Ils nous virent entrer, tourner l'angle de la rue, sans distraire leur attention de l'objet qui paraissait l'attirer dans la direction du couchant.

Le caïd prévenu nous attendait à quelques pas de là, devant une maison de belle apparence, sorte de *Dar-dyaf*, où l'on nous fit entrer, et que nous occupons seuls. La cour est grande, et nos chevaux sont logés dans des écuries spacieuses; un escalier bien construit mène à l'étage, où nous avons une chambre en galerie pour le jour, et une belle terrasse garnie de tapis pour la nuit.

Le caïd actuel d'Aïn-Mahdy n'a rien de frappant, ni dans les traits ni dans les manières; mais il représente convenablement l'autorité civile, dans cette municipalité, aujourd'hui bourgeoise et dévote. C'est un homme simple et digne, dont la physionomie fine, quoique très placide, le vêtement de grosse laine blanche, le chapelet de bois noir et la coiffure basse font penser au magistrat et au prêtre, beaucoup plus qu'au chef militaire. Son accueil fut grave et froid comme sa personne; et j'y remarquai tout de suite une sorte de distraction mêlée d'égards, qui n'était pas de l'impolitesse, mais qui, bien évidemment, ne marquait aucun empressement. A peine avions-nous eu le temps de lui répéter l'objet de notre visite, il l'avait appris déjà par la lettre d'introduction, qu'il nous quitta. C'était contre tous les usages, et je m'en étonnai. Quelques minutes après, vint la diffa. — Les deux spahis soulevèrent les langes bleus qui, suivant la coutume, couvraient les plats, et je vis, à leur visage, qu'il se passait quelque chose de grave. C'étaient du kouskoussou d'orge et des mets de la dernière qualité. Aouïmer se leva, d'un air important, prit un des plats et dit à l'un des serviteurs : Emporte, et dis au caïd qu'on s'est trompé. Y avait-il erreur? C'est ce qu'on ne put savoir; mais, au bout d'un instant, le caïd lui-même reparut, accompagnant un souper qui équivalait à des excuses, et suivi cette fois d'un cortège assez nombreux de serviteurs et d'amis.

Ils demeurèrent tous debout à l'angle de la terrasse; et bientôt j'entendis qu'ils discutaient entre eux en considérant le soleil couchant.

— Savez-vous ce qui se passe? me dit tout à coup le lieutenant : ils attendent encore la lune, et le Rhamadan n'est pas fini. — Aouïmer jeta fort irréligieusement un éclat de rire de *giaour* et continua d'affirmer que tout le monde à L'Aghouat l'avait vue la veille au soir, à sept heures trente-cinq minutes.

— Ce qu'il y a de sûr, c'est que nous les ennuyons beaucoup, dis-je au lieutenant; cela se voit, et je crois convenable de nous expliquer.

Nous exposâmes donc que nous avions calculé notre départ de manière à ne les point gêner; que nous étions parti d'El-Aghouat à sept heures trente-cinq minutes du soir et au coup de canon qui avait annoncé la fin du jeûne, pour être plus certains de n'arriver à Aïn-Mahdy que le premier jour du *Baïram*. Je racontai les préparatifs qu'on faisait à ce moment chez leurs voisins; que toutes les cuisines fumaient; que la ville était pleine de l'odeur des viandes; et je pris à témoin les deux spahis et le petit Ali. Mais à tout cela on nous répondit que si les Beni-l'Aghouat avaient vu la lune nouvelle, c'est qu'ils y regardaient de moins près qu'ailleurs; que dans Aïn-Mahdy on était plus formaliste, et que le jeûne durait encore.

A ce moment, le caïd étendit le bras vers l'horizon ; et nous vîmes, tous ensemble, apparaître dans la pâleur du couchant le demi-cercle mince et long de la lune naissante. Il se découpait, avec la précision d'un fil d'argent, sur un ciel parfaitement pur, couleur d'or vert. Au-dessous d'elle, scintillait une petite étoile brillante comme un œil qui se dilate en souriant. On regarda quelques minutes ce signal charmant de la fin d'un long jeûne. L'astre était si près des montagnes qu'un moment plus tard il cacha un des bouts effilés de son disque, puis disparut tout à fait.

Le caïd, plus occupé de ce qu'il venait de voir que de notre présence, descendit alors, suivi de ses serviteurs, et s'en alla proclamer que le Rhamadan était accompli pour l'an de l'hégire 1269. Son fils, un grand enfant, doux de visage et déjà grave dans son maintien, se coucha, sans rien dire, sur le tapis, afin de passer la nuit près de nous. Quant à moi, le sommeil ne tarda pas à me prendre ; j'entendis vaguement des chants qui ressemblaient à des cantiques et des psalmodies qui n'avaient rien de joyeux sortir de la maison mortuaire de Tedjini ; je regardai, pendant un moment, luire les étoiles au-dessus de ma tête ; et, sans attendre la fin du repas, pêle-mêle avec les plats de bois et les *mardjel* de lait, je m'endormis au milieu de la table à manger qui était en même temps notre lit.

Aïn-Madhy, juillet 1853.

— La première impression demeure ; Aïn-Mahdy me rappelle Avignon ; je ne saurais expliquer pourquoi, car une ville arabe est ce qu'il y a de moins comparable à une ville française ; et la seule analogie d'aspect qu'il y ait entre ces deux villes consiste dans une ligne de remparts dentelés, une couleur à peu près semblable, d'un brun chaud, un monument qui se voit de loin et couronne avec majesté l'une et l'autre, mais c'est une sorte d'analogie morale, une physionomie également taciturne ; un air de commandement avec des dispositions de défense, quelque chose de religieux, d'austère ; je ne sais quel même aspect féodal qui participe à la fois de la forteresse et de l'abbaye. Elles se ressemblent par l'effet produit, et peut-être cette comparaison tout imaginaire te donnera-t-elle une idée juste de ce qui est.

La ville est posée sur un renflement de la plaine et décrit une ellipse. On trouve qu'elle a la forme « d'un « œuf d'autruche coupé en deux dans le sens de sa « longueur ». Toute la partie des fortifications est admirablement construite et dans un superbe état d'entretien. Le tableau général, au lieu de chanceler en tous sens et d'incliner sous tous les angles, suivant l'habitude des villages sahariens, garde un aplomb de lignes et se dessine par des angles droits très satisfaisants pour l'œil.

Les jardins qui ont été rasés dépassent à peine le sommet des murs de clôture, sous forme d'un bourrelet vert. Un seul arbre a survécu; il s'élève assez tristement dans un enclos désert. Le pauvre k'sour d'*El-Outaya,* abandonné sans verdure et sans abri dans sa plaine ingrate, entre El-Kantara et Bisk'ra, témoigne de cette manière générale d'entendre la guerre. J'y ai vu l'unique palmier qui fut laissé debout, pour apprendre à l'étranger qu'il y avait eu là une oasis. Aïn Mahdy en a conservé deux, l'un au nord, l'autre au sud des jardins.

Aïn-Mahdy n'a point de rivière, mais on voit de loin entre la ville et la montagne un point blanc de maçonnerie qui indique la tête de la source *Aïn-M hdy*. Arrivé à la porte Bab-el-Sakia, le ruisseau se déverse dans un bassin d'où il va, par deux écluses, arroser les jardins. Ici, comme à El-Aghouat, il y a le répartiteur des eaux, avec son sablier qui sert d'horloge à toute la ville.

C'est à un kilomètre à peu près des jardins qu'était campée l'armée d'Abd-el-Kader. On montre encore, près de l'*Aïn,* la place occupée par la tente de l'émir. Elle est marquée par une assise de pierres rangées circulairement, comme autour des tentes dans les *douars* sédentaires; c'était annoncer d'avance l'intention de ne pas lâcher pied. Comme tu le sais, le siège dura neuf mois. Mais la ville avait des puits; elle était armée, approvisionnée de tout, débarrassée des bouches inutiles; Tedjini n'y avait gardé avec lui que trois cent cinquante hommes, les meilleurs tireurs du désert; l'assaut fut impossible. Il y eut un moment où, fatigué de la canonnade et voyant sous ses yeux couper ses eaux, dévaster ses jardins, Tedjini fit offrir à son ennemi de vider la querelle dans un combat singulier. Mais « il était couvert d'amulettes », prétendirent les T'olba du camp d'Abd-el-Kader, et, la partie étant jugée inégale, le combat n'eut pas lieu. Ce fut toute une Iliade; et cela finit par un traité qui fut aussi perfide que le cheval de Troie. — L'émir avait juré, écrivait-il, d'aller faire sa prière à la mosquée d'Aïn-Mahdy. Cette considération pieuse alla droit à l'âme du marabout. Les conventions arrêtées, leur exécution jurée sur le Coran, Tedjini se retira à El-Aghouat, avec ses femmes et sa suite. Abd-el-Kader entra dans la ville, fit abattre les murs et saccager les maisons; il respecta pourtant celle du marabout. Puis, pressé par les événements, il se retira et, presque aussitôt, retourna contre nous son épée déshonorée par cette guerre impie. Tous ces faits, historiquement très petits, ne te semblent-ils pas préparés pour la légende? Et vois-tu ce « Μηνιν αειδε θεα » entonné par leur poète arabe... « O muse! chante la colère de Si-Hadj-Abd-el Kader, fils de Mahieddin »?

Tedjini est mort, il y a quatre mois, laissant un jeune fils et douze filles; il avait eu quinze ans de paix pour rebâtir sa ville et relever ses remparts.

Après ce court et glorieux moment d'exaltation guerrière, il reprit paisiblement sa vie de reclus et ne voulut plus la consacrer qu'aux bonnes œuvres, ne s'occupant des affaires de personne, mais ne voulant point qu'on se mêlât des siennes et demandant qu'on le laissât libre dans l'administration intérieure de son petit État, j'allais dire de son diocèse. « Je ne suis plus de ce monde », écrivait-il bien des années avant de le quitter. Un jour qu'il était seul en prière dans son oratoire, on entendit un grand cri. Son domestique de confiance, qui se tenait dehors, entra et le trouva étendu et sans parole, et expirant.

Cependant on eut quelques doutes sur la réalité de cet événement; et, pour prévenir toute supercherie, un officier d'El-Aghouat fut envoyé à Aïn-Mahdy, avec mission de se faire ouvrir le cercueil et de constater que ce grand personnage était bien réellement mort. L'identité reconnue, on la fit publiquement proclamer; ce qui n'empêcherait pas, dit-on, qu'on ne le ressuscitât, si les événements y donnaient lieu.

Tedjini laisse dans tout le désert une immense renommée; et l'autorité religieuse de son nom lui survivra jusqu'au jour où le peuple arabe perdra la mémoire de ses marabouts. C'est maintenant un privilège à perpétuité. Tedjini n'est plus un saint homme, c'est un saint, et sa maison devient une chapelle. Selon la coutume des marabouts, il a achevé sa vie à côté de son tombeau, et il n'a pas eu à changer de place pour passer d'un asile à l'autre. Le mausolée qui servait de sépulture à ses ancêtres est très richement entouré de balustrades sculptées, peintes et dorées; il a été fait à Tunis, puis apporté à Aïn-Mahdy et monté pièce à pièce.

C'était hier le jour des dévotions arabes; et, toute la matinée, de longues files de femmes et d'hommes se sont rendues processionnellement à la mosquée. Nous allons à nos églises en France à peu près comme les écoliers vont à la classe : un par un pour entrer; la messe dite, on sort en foule. A la porte des mosquées arabes, c'est un va-et-vient continuel de croyants qui vont prier et de croyants qui en reviennent; toujours le même silence et pas plus d'empressement après qu'avant. Tous ces gens-là sont fort beaux, pleins de la même gravité, trop propres pour des pauvres, trop peu luxueux pour des riches. A leur voir à tous le même vêtement de grosse laine, le même haïk épais sur la tête, maintenu par une simple corde grise, un chapelet pareil au cou, le même air d'austérité calme, la même indifférence pour l'étranger, on dirait un séminaire de vieillards qui se rend aux plus graves cérémonies.

Rien ne rappelle ici la vie de la tente, pastorale et guerrière, ni la vie seigneuriale et armée du bordj. J'ai pu étudier dans différents lieux ces côtés bien distincts de l'existence arabe, et j'ai toujours trouvé la poudre, le cheval, les armes de combat ou de chasse mêlés plus ou moins aux scènes les plus familières. Ici, nulle *fantasia*, surtout quand il s'agit d'acte de piété. Depuis mon arrivée, je n'ai pas entendu le pas d'un cheval; on dirait un pavé de sanctuaire, où ne marchent que des gens d'église. Je n'ai vu ni ceinturon armé, ni bottes à éperons; tous portent la sandale du bourgeois, et ceux du dehors le brodequin lacé des voyageurs. Un trait de caractère que je trouve gravé sur ces physionomies placides, c'est une grande confiance en eux-mêmes. Ils parlent avec un sourire plein de comparaisons orgueilleuses des pauvres murailles d'El-Aghouat qui sont tombées devant nos canons; et c'est alors pour considérer les leurs avec la sécurité de gens qui sont en possession de deux sentiments : la volonté d'être inoffensifs, la certitude de résister.

Les femmes vont aux mosquées, ce que je n'avais vu nulle part. Elles se rendaient en foule au marabout avec autant de solennité et d'une marche encore plus dévote que les hommes. C'est le même costume qu'à El-Aghouat, avec ce détail de plus que toutes portent la *melhafa* (mante), et sont hermétiquement voilées.

Je m'étais assis au fond de la rue de manière à les voir descendre de l'intérieur de la ville; elles passaient devant moi pour entrer dans la ruelle qui conduit au lieu des prières. Une grande ombre, projetée par la maison de Tedjini, descendait sur la voie, très large en cet endroit, remontait sur les piliers d'un fondouk construit en face, et ne laissait, dans la lumière dorée du soleil, que la partie supérieure du fondouk et des maisons qui le suivent. L'ombre tournait avec la rue, montait avec elle, s'allongeant ou se rétrécissant selon le mouvement du terrain. Une plaque d'un bleu violent servait de plafond à ce tableau, éclairé de manière à donner plus de mystère à la rue et à mettre tout l'éclat dans le ciel. Du côté de l'ombre, et contre le pied du mur, s'alignait une rangée d'Arabes assis, couchés, rassemblés sur eux-mêmes ou posés de côté dans ces attitudes de repos grandioses qui sont maniérées à l'Académie, et qui sont tout simplement vraies, chez les maîtres comme dans la nature.

Les femmes arrivaient du côté du soleil, longeant les murs, hâtant le pas, surtout en passant devant nous, pour échapper le plus vite possible aux regards des infidèles; tantôt deux ensemble, côte à côte, traînant après elles une toute petite fille en haillons, pendue aux bouts flottants de leur haïk; tantôt par groupes nombreux, avec une ampleur de vêtements et une abondance de plis qui remplissaient la rue d'un tumulte léger, très mystérieux à entendre. Quelquefois, un groupe de trois venait isolément : celle du milieu, peut-être la plus jeune, semblait soutenue par les deux autres, chacune d'elles ayant un bras passé autour de sa taille et l'abritant sous un pan de son voile. Ce groupe, magnifiquement composé, s'avançait tout d'une pièce, sans qu'on vît ni geste, ni pas qui le fît mouvoir, par un mouvement simultané qui semblait unique ; les trois voiles n'en formaient plus qu'un, et l'on devinait confusément la forme des corps sous ce même vêtement d'une ampleur démesurée.

Peut-être m'eût-il été possible d'entrer dans la mosquée ; mais je ne l'essayai point. Pénétrer plus avant qu'il n'est permis dans la vie arabe me semble d'une curiosité mal entendue. Il faut regarder ce peuple à la distance où il lui convient de se montrer : les hommes de près, les femmes de loin ; la chambre à coucher et la mosquée, jamais. Décrire un appartement de femmes ou peindre les cérémonies du culte arabe est à mon avis plus grave qu'une fraude : c'est commettre, sous le rapport de l'art, une erreur de point de vue.

Bab-el-Kebir, l'entrée de la principale rue, les abords de la maison de Tedjini, voilà, au surplus, tout ce qu'il y a d'intéressant et d'inusité dans la physionomie intérieure d'Aïn-Mahdy. Le reste se ressent de la négligence et de l'incurie du peuple arabe, et le haut quartier n'est guère mieux bâti qu'El-Aghouat. Là, comme partout, ce sont des portes à claire-voie, des ruelles malpropres et des maisons en pisé, consumées par le soleil ; des enfants postés en embuscade et qui fuient devant nous ; des femmes un peu plus sauvages qu'ailleurs, qui se lèvent à notre approche et rentrent précipitamment sous le porche obscur des maisons ; des hommes indifférents, qui se soulèvent pesamment de leurs lits de repos et nous saluent d'un air un peu superbe pour de simples petits bourgeois.

Notre maison confine aux jardins du côté du sud-ouest. De ma terrasse, en m'accoudant sur un mur crénelé qui fait partie du rempart, j'embrasse une grande moitié de l'oasis et toute la plaine, depuis le sud, où le ciel enflammé vibre sous la réverbération lointaine du désert, jusqu'au nord-ouest, où la plaine aride, brûlée, couleur de cendre chaude, se relève insensiblement vers les montagnes. Ces vues de haut me plaisent toujours, et toujours j'ai rêvé de grandes figures dans une action simple, exposées sur le ciel et dominant un vaste pays. Hélène et Priam, au sommet de la tour, nommant les chefs de l'armée grecque; Antigone amenée par son gouverneur sur la terrasse du palais d'OEdipe et cherchant à reconnaître son frère au milieu du camp des sept chefs, voilà des tableaux qui me passionnent et qui me semblent contenir toutes les solennités possibles de la nature et du drame humain. « Quel est ce guerrier au panache blanc qui « marche en tête de l'armée?... — Princesse, c'est un « chef. — Mais où est donc ce frère chéri? — Il est « debout à côté d'Adraste, près du tombeau des sept « filles de Niobé. Le vois-tu? — Je le vois, mais pas « trop distinctement. »

Je pense en ce moment qu'il y eut des scènes pareilles, avec les mêmes sentiments peut-être, sur cette terrasse où je t'écris. Je regarde la place vide où était le camp, et je vois le bloc carré et blanc de l'*Aïn*, pareil au tombeau de *Zethus*.

J'oubliais de te dire que dans ma promenade de ce matin, j'ai trouvé un éclat d'obus tombé près des murs des jardins, pendant le siège de 1838; et dans la ville, un gant français apporté je ne sais par qui et jeté sur un fumier, où barbotaient trois oies grises, oiseaux plus rares ici que les autruches.

*Tadjemout, juillet, au soir.*

— Revenus ce soir à Tadjemout. Pour éviter l'hospitalité du caïd, nous avons pris le parti de camper en dehors de la ville près du ruisseau, au pied d'un mur de jardin. Au moment où nous arrivions, un Arabe était assis par terre, au centre d'un cercle formé par cinq dromadaires. Il avait dans son burnouss une brassée d'herbe et la leur distribuait brin à brin. Les cinq bêtes, couchées le cou en avant, promenaient autour de ses genoux leur tête bizarre, et se disputaient avec de sourds grognements cette maigre pâture, souvenir de la saison fertile. Le chamelier nous a cédé sa place; c'est une pente en terre battue, sans cailloux, bien choisie pour recevoir un tapis.

Cette fois, ce fut à mon tour de dire au lieutenant : Prenons-nous la tente? Le lieutenant s'empressa de répondre : Ce n'est pas la peine. Et je dis en riant au petit Ali : C'est bien, ne défais rien, le paquet sera tout ficelé pour le prochain voyage.

En réalité, nous aurions pu simplifier encore nos bagages, et supprimer du même coup le guide et le mulet.

Mais le lieutenant prétend qu'ils font bien ensemble, et que, sans eux, nous aurions eu l'air de pauvres.

La nuit descend tiède et tranquille sur ce triste pays toujours paisible, quoiqu'un peu moins inanimé qu'en plein jour. Au lieu de n'avoir pas d'ombre, il n'a presque plus de lumière, et le brouillard gris qui s'amasse au-dessus de la ville ressemble à de la fraîcheur. Des silhouettes silencieuses passent au sommet d'un mamelon aride, découpées sur un ciel orangé, et disparaissent dans le chemin déjà sombre qui mène à *Bab-Sfaïn*. Par moments, les palmiers se balancent comme pour secouer la poussière du jour; et l'on entend dans la ruelle voisine un bruit d'écuelles remuant de l'eau, et le ruissellement des outres qu'on remplit.

Il nous sera difficile d'éviter la diffa; car nous remarquons qu'un certain mouvement de gens affairés s'établit de la ville à notre bivouac. Le caïd, qui s'est rendu près de nous, a l'air de donner des ordres. Il porte encore ce disgracieux burnouss de couleur jaune; il est riant, et sa figure presque rose, sans barbe, avec des yeux bleu clair, manifeste par une expression joviale plaisir qu'il a de nous revoir. A notre gauche, et sur le mamelon qui nous domine, on voit s'assembler des curieux qui pourraient bien être attirés par les préparatifs d'un repas.

En attendant, et pour n'être pas en retard de politesse avec lui, nous offrons au caïd une bougie, un pain qui date d'El-Aghouat, deux citrons et une pleine gamelle de café. On forme le cercle. Il est devenu nombreux. Je me demande comment tout ce monde va s'en tirer avec deux citrons et trois gobelets.

Le caïd prend un des citrons, un seul, l'autre est mis de côté, y fait un petit trou, y appuie ses lèvres, et, discrètement, en exprime un peu de jus, puis il le passe à son voisin. De bouche en bouche, le citron fait le tour du cercle et revient, n'ayant plus que l'écorce, entre les mains du caïd, qui, précieusement, le dépose dans le capuchon de son burnouss, comme pour le faire servir à plus d'un régal. Quant aux trois gobelets, remplis jusqu'aux bords, chacun y boit de même, à son tour et avec économie. Après qu'on les eut déposés, bien vidés, tu peux le croire, au milieu du cercle, un des mieux mis de nos convives, et qui semblait des mieux nourris, s'est assuré, en les essuyant de la langue et du doigt, qu'il n'y restait plus rien que l'odeur du café bu.

La fête se complique; voici maintenant des musiciens et des chanteurs. Nous allumons une bougie de plus. J'apprends que c'est Aouïmer et Ben Ameur qui se font donner de la musique et payent cette partie du divertissement. Un grand feu s'allume à dix pas de nous. Je distingue de ma place la forme obscure d'un gros mouton qu'on fait tourner au milieu de la flamme; autour, sont penchées des figures attentives de cuisiniers, avec des airs si avides, que je me demande s'ils sont là pour faire cuire le mouton ou pour le manger.

Il est onze heures. Je donnerais toutes les diffa du monde pour un peu de sommeil. Cette fois j'abandonne ma part du dîner, et je dois dire que personne n'a l'air offensé de ce défaut d'usage.

Si quelque chose égale la sobriété des Arabes, c'est leur gloutonnerie. Admirables estomacs, qui tantôt ne mangent pas de quoi satisfaire un enfant, et tantôt se satisfont tout juste avec ce qui étoufferait un ogre. Rien ne peut rendre la précipitation des mâchoires, le jeu rapide des doigts dépeçant la viande, ou roulant la farine en grain du kouskoussou, et l'effrayante gourmandise des visages. Notre amateur de café fait des prodiges; il ne se sert plus de ses dents; des deux mains, comme un jongleur se sert de ses billes, il jette bouchée sur bouchée dans sa bouche grande ouverte; ce n'est plus manger, on dirait qu'il boit. Le caïd ne le cède à personne.

Il y a trois tables : la première, composée des personnages, a le privilège de prélever le meilleur du plat et d'arracher toute la peau rissolée du rôti; la seconde, à son tour, a droit à tant de minutes de coups de dents ; je m'inquiète de ce qui va rester à la troisième, composée des serviteurs, des tout jeunes gens et des musiciens, quand le dîner sortira des mains des notables. — Tout le monde a l'air profondément repu ; et des bruits de satisfaction se font entendre. L'auteur de ces inconvenances dit avec sang-froid l'*hamdoullah,* je remercie Dieu ; on lui répond de même *Allah iaatiksaha,* que Dieu te donne la santé ; les chants interrompus recommencent avec plus d'entrain, et l'on nous laisse une garde bien superflue de huit hommes, qui veilleront près de nous, c'est-à-dire, je le crains, qui nous obligeront de veiller avec eux.

El-Aghouat, juillet 1853.

— J'ai vu disparaître derrière moi Tadjemout, comme j'avais vu disparaître Aïn-Mahdy, avec le cœur serré par cette certitude de ne jamais les revoir. Grande halte pendant le jour au milieu de l'Oued-M'zi, sous un soleil de plomb, dans une solitude accablante, n'ayant que de l'eau détestable et ne pouvant dormir, à cause de l'extrême chaleur. C'est le seul endroit peut-être d'où je me suis éloigné sans regrets. Aucun incident dans le reste de la route. Nos cavaliers se sont amusés à courir des gazelles, et ce grand enfant d'Aouïmer, joyeux comme un cheval qui sent l'écurie, debout sur ses étriers, le sabre nu, avec de grands cris, poussait des charges à fond de train contre de pauvres lièvres qui, vers le soir, prenaient le frais dans l'alfa.

Les dunes de sables, aperçues la nuit, sont mouvantes; on y voit de petits plis réguliers, comme sur une mer calme, ridée par le vent; leur surface était d'une admirable pureté, et personne ne les avait foulées depuis le dernier simoun.

Au moment où nous repassions le col, et où se montrait tendue devant nous la ligne mystérieuse du désert, la température devint tout à coup plus chaude, l'air moins respirable. Le soleil venait de disparaître. Un orage qui nous avait menacés tout le jour, et s'était lentement avancé du Djebel-Amour jusque sur les bois de Recheg, avait fini par s'évaporer sans pluie, sans tonnerre ni éclairs, et le ciel avait repris sa sérénité ardente. El-Aghouat se déployait à une lieue de nous, au-dessus de l'oasis et sur le dos de ses rochers blanchâtres.

Cette grande ville triste, et qui bien véritablement sent la mort, s'enveloppait d'ombres violettes pareilles à des voiles de deuil. En approchant des jardins, nous aperçûmes, près de trous fraîchement remués, trois objets informes étendus à terre. C'étaient trois cadavres de femmes que les chiens avaient arrachés de leurs fosses. Blessées pendant la prise ou atteintes dans leur fuite, sans doute elles étaient venues tomber là, et la piété des passants les avait recouvertes d'un peu de terre. Je descendis de cheval pour examiner de plus près ces corps momifiés, consumés jusqu'aux os, mais tout vêtus encore de leurs haïks de cotonnade grise. La terre n'avait rien laissé à ronger sur ces carcasses desséchées, et une fois exhumées, les chiens n'avaient pas même essayé de les déshabiller. Une main se détachait de l'un des cadavres et ne tenait plus au bras que par un lambeau déchiré, sec, dur et noir comme de la peau de chagrin. Elle était à demi fermée, crispée comme dans une dernière lutte avec la mort. Je la pris et l'accrochai à l'arçon de ma selle; c'était une relique funèbre à rapporter du triste ossuaire d'El-Aghouat. Je me rappelai le corps du zouave découvert du côté de l'est le jour de mon entrée, et je trouvai la symétrie de ces rencontres assez fatale. Décidément, pensai-je, ce n'est pas ici qu'on écrira les bucoliques de la vie arabe. La main se balançait à côté de la mienne; c'était une petite main allongée, étroite, aux ongles blancs, qui peut-être n'avait pas été sans grâce, qui peut-être était jeune, il y avait quelque chose de vivant encore dans le geste effrayant de ces doigts contractés; je finis par en avoir peur, et je la déposai en passant dans le cimetière arabe qui s'étend au-dessous du marabout historique de Si-Hadj-Aïca.

La chaleur s'est accrue de six degrés pendant notre absence. Voici le thermomètre à 49° et demi à l'ombre. C'est à peu près la température du Sénégal. Toujours même beauté dans l'air, une netteté plus grande encore dans le contour des montagnes du nord, des colorations plus mornes que jamais sur la surface incendiée du désert. Quand on traverse la place, à midi, le soleil direct vous transperce le crâne, comme avec des vrilles ardentes. La ville semble, pendant six heures du jour, recevoir une douche de feu. Un M'zabite de mes amis vient de partir pour son pays; je l'ai vu faire avec épouvante sa provision d'eau, sa provision d'alcool pour remplacer le bois; ce qu'il y avait pour ainsi dire de moins précieux dans son bagage, c'étaient les vivres. Il s'est mis en route le matin, car, sous un pareil soleil, il est encore moins pénible de voyager le jour que de s'arrêter, même à l'abri d'une tente. Il me racontait qu'à pareille époque, il y a trois ans, un convoi de vingt hommes avait été surpris par le vent du désert à moitié chemin d'El-Aghouat à Gardaïa. Les outres avaient éclaté par l'effet de l'évaporation; huit des voyageurs étaient morts, avec les trois quarts des animaux. Je l'accompagnai jusqu'à une lieue des jardins. Il montait un grand dromadaire presque blanc, tout entouré d'outres, gonflées comme des appareils de sauvetage. Une large peau d'autruche lui servait de selle. Je le vis prendre la route du Sud avec un sentiment mêlé de regret pour moi-même et de quelque appréhension pour lui. Puis je revins vers la ville au galop, et quand je remontai les dunes, la petite caravane avait disparu sous le niveau de la plaine.

Les visages qu'on rencontre sont encore plus pâles que de coutume ; on se traîne avec épuisement dans l'air étouffant des rues. Les cafés, même le soir, sont abandonnés. Chacun se renferme comme il peut, tant que dure le soleil ; la nuit, c'est une inquiétude de savoir où l'on ira dormir ; il y en a qui s'établissent dans les jardins, d'autres sur leurs terrasses, d'autres sur la banquette extérieure des maisons. Moloud nous installe une natte d'alfa dans un coin de la place, et le lieutenant et moi nous y restons étendus, de huit heures du soir à minuit. Moloud asperge la poussière autour de nous ; le plus souvent le sommeil nous y prend, et c'est là que nous passons le reste de la nuit.

L'aube a des lueurs exquises ; on entend des chants d'oiseaux, le ciel est couleur d'améthyste ; et quand j'ouvre les yeux, sous l'impression plus douce du matin, je vois des frémissements de bien-être courir à l'extrémité des palmiers.

Mais je sens que la paresse m'envahit et que peu à peu toute ma cervelle se résout en vapeur. La soif qu'on éprouve ne ressemble à rien de ce que tu connais ; elle est incessante, toujours égale ; tout ce qu'on boit ici l'irrite au lieu de l'apaiser ; et l'idée d'un verre d'eau pure et froide devient une épouvantable tentation qui tient du cauchemar. Je calcule déjà comment je me satisferai en descendant de cheval à Médéah. Je me représente avec des spasmes inouïs une immense coupe remplie jusqu'aux bords de cette eau limpide et glacée de la montagne. C'est une idée fixe que je ne puis chasser. Tout en moi se transforme en appétit sensuel ; tout cède à cette unique préoccupation de se désaltérer.

N'importe, il y a dans ce pays je ne sais quoi d'incomparable qui me le fait chérir.

Je pense avec effroi qu'il faudra bientôt regagner le Nord ; et le jour où je sortirai de la porte de l'est pour n'y plus rentrer jamais, je me retournerai amèrement du côté de cette étrange ville, et je saluerai d'un regret profond cet horizon menaçant, si désolé et qu'on a si justement nommé — *Pays de la soif.*

# TABLE DES MATIÈRES

Dédicace. — A Armand du Mesnil.

Préface ................................................... 1

I. — De Medeah a El-Aghouat........................ 1
    Medeah, 22 mai 1853.......................... 1
    El-Gouëa, 24 mai au soir..................... 10
    Bogheri, 26 mai au matin..................... 23
    D'jelfa, 31 mai.............................. 34
    D'jelfa, même date, cinq heures.............. 65
    D'jelfa, même date, sept heures.............. 71
    Ham'ra, 1er juin 1853........................ 79
    Ham'ra, même date, la nuit................... 84
    2 juin 1853, à la halte, dix heures.......... 85
    Sidi-Makhelouf, 2 juin 1853.................. 94
    A la halte, 3 juin 1853, neuf heures......... 96
    El-Aghouat, 3 juin au soir................... 98

II. — El-Aghouat..................................... 105
    3 juin 1853, au soir......................... 105
    4 juin 1853.................................. 109
    Juin 1853.................................... 117
    Juin 1853.................................... 134
    Juin 1853.................................... 147
    Juin 1853.................................... 157
    Juin 1853.................................... 173
    La nuit, fin de juin 1853.................... 185

| | | |
|---|---|---|
| | 1er juillet 1853.......................... | 192 |
| | Juillet 1853............................. | 199 |
| | Juillet 1853............................. | 201 |
| | Juillet 1853............................. | |
| III. | Tadjemout-Aïn-Mahdy.................. | 208 |
| | Aïn-Madhy. — Vendredi, juillet 1853....... | 208 |
| | Aïn-Madhy, juillet 1853................. | 241 |
| | Aïn-Madhy, juillet 1853................. | 254 |
| | Tadjemout, juillet, au soir................ | 263 |
| | El-Aghouat, juillet 1853................. | 267 |

PARIS

TYPOGRAPHIE PLON

8, rue Garancière

Dépôt légal : 1877.
Mise en vente : 1877.
Numéro de publication : 7303.
Numéro d'impression : 5559.
Nouveau tirage : 1952.

# A LA MÊME LIBRAIRIE

Maurice Andrieux. — **Le Père Bugeaud** (1784-1849). In-8°
soleil.

Marthe Bassenne. — **Aurélie Tedjani, princesse des sables.** Édition revue et augmentée. In-16 avec 8 gravures.

François Charles-Roux. — **Thiers et Méhémet Ali.** In-8°
soleil.

Pierre Croidys. — **Guy de Larigaudie.** *Le Chevalier de la foi et de l'aventure.* In-16 avec 1 gravure.

Général Gouraud. — **Mauritanie-Adrar.** *Souvenirs d'un Africain.* In-8° (14×19), avec 16 pages de gravures.

— **Zinder-Tchad.** *Souvenirs d'un Africain.* In-8° (14×20), avec 23 gravures hors texte et une carte.

— **Au Maroc** (1911-1914). *Souvenirs d'un Africain.* In-8° soleil avec 16 gravures hors texte et 2 cartes.

Serge Groussard. — **Solitude espagnole.** In-16.

Robert Hérisson. — **Avec le Père de Foucauld et le général Laperrine.** *Carnet d'un Saharien (1909-1911).* In-8° (40×56) avec 29 gravures hors texte et une carte dans le texte.

Guy de Larigaudie. — **Résonances du sud.** In-16 avec 21 gravures hors texte et 2 cartes dans le texte.

Jacques Le Bourgeois. — **Saïgon sans la France.** *Des Japonais au Viet-Minh.* In-16.

B. de Massimi. — **Vent debout.** *Histoire de la première ligne aérienne française.* In-8° soleil avec 21 illustrations hors texte.

René Pottier. — *Un prince saharien méconnu.* **Henri Duveyrier.** Préface de Conrad Lilian. In-8° écu avec un frontispice.

— **La Vocation saharienne du Père de Foucauld.** In-8° (14×20) avec 25 gravures hors texte.

Mme Saint-René Taillandier. — **Ce monde disparu.** *Syrie, Palestine, Liban, Maroc.* In-8° soleil.

Henri Terrasse. — **Histoire du Maroc.** *Des origines à l'établissement du protectorat français.* 2 vol. in-8° carré avec 6 cartes dans le texte.

Bernard Vernier. — **Qédar,** *Carnets d'un méhariste syrien.* In-16 avec 8 gravures hors texte et une carte.

*Chez les dissidents du Sud-Marocain et du Rio-de-Oro.* **Smara,** Carnet de route de Michel Vieuchange, publié par Jean Vieuchange. In-16 avec 53 gravures et une carte.

www.ingramcontent.com/pod-product-compliance
Lightning Source LLC
Chambersburg PA
CBHW071136160426
43196CB00011B/1916